Diagr........
Die
Reise nach
Mein erster
Million

26 – Selfmade-Millionäre enthüllen das Geheimnis ihres Erfolgs

Myles Gardner

While every precaution has been taken in the preparation of this book, the publisher assumes no responsibility for errors or omissions, or for damages resulting from the use of the information contained herein.

DIAGRAMME DIE REISE NACH MEIN ERSTER MILLION: 26 – SELFMADE-MILLIONÄRE ENTHÜLLEN DAS GEHEIMNIS IHRES ERFOLGS

First edition. March 24, 2024.

Copyright © 2024 Myles Gardner.

ISBN: 979-8224164318

Written by Myles Gardner.

Diagramme
Die
Reise nach
Mein erster
Million

26 – Selfmade-Millionäre enthüllen das Geheimnis ihres Erfolgs

Myles Gardner

Einführung

In Australien ist die Kultur des Unternehmertums tief verwurzelt. Australier möchten sowohl in Immobilien investieren als auch ein Eigenheim besitzen; Ihr oberstes Ziel ist es, ein vielfältiges Portfolio an Immobilien aufzubauen.

Australien wird dank steuerlicher Anreize für Immobilienbesitz zu einem Land der Vermieter, und genau diese Einstellung weckt den Wunsch, dem Alltagstrott von neun bis fünf zu entfliehen und ein Leben zu führen, in dem man sein Schicksal selbst in die Hand nimmt, sei es durch eine Franchise- oder Franchise-Vereinbarung ein kleines, unabhängiges Unternehmen. Während unsere Riesenbanken kleinen Unternehmen gelegentlich das Leben schwer machen, fördert die Regierung diesen unternehmerischen Wunsch mit großzügigen Steuervorteilen, und viele Start-ups überleben nicht nur, sondern gedeihen.

Dieses Buch zeigt uns, wie wir es erreichen können und wie andere das Gleiche tun können.

Kapitel 1: Ein Konzept, das Millionen von Dollar wert ist

Danial Ahchow Service Central wurde 2005 gegründet und beschäftigt einhundert Mitarbeiter.

Jemand wird ausrufen: „Was für eine einfache Idee, warum bin ich nicht darauf gekommen?" wenn Service Central Milliarden von Dollar wert ist, woran ich keinen Zweifel habe, und sein Gründer, Danial Ahchow, ein Sillionär ist, was er mit Sicherheit auch sein wird. So einfach, dass es wahrscheinlich ist, dass sich viele von uns schon einmal etwas in dieser Richtung ausgedacht haben. Allerdings ist es wichtig, ein grundlegendes Konzept zu visualisieren und zu besitzen

Um etwas zu erreichen, braucht man Vision und Entschlossenheit, was zwei sehr unterschiedliche Dinge sind. Obwohl Ahchows Theorie einfach war, hat die Umsetzung in die Praxis im Laufe der letzten fünf Jahre seines Lebens Millionen von Dollar an Investitionskapital verschlungen und den 32-jährigen Unternehmer erst kürzlich zum Millionär gemacht – zumindest auf Papier.

Allerdings ist es nur der Anfang, Millionär zu werden. Auch die globale Dominanz steht auf der Agenda des Unternehmens. Um das Wachstum des Unternehmens zu steuern, hat Ahchow die australischen Wirtschaftslegenden Shaun Bonett, einen Immobilienentwickler, der mit einem Vermögen von über 200 Millionen US-Dollar regelmäßig auf der Young Rich List erscheint, und Cliff Rosenberg, einen ehemaligen Geschäftsführer von Yahoo!, engagiert. Australien und Neuseeland. Beide wollten sich unbedingt engagieren, was ein Beweis für das Potenzial des Unternehmens ist. „Ich war begeistert, dass diese Jungs mitmachen wollten, und ich wollte ihre Erfahrung und Glaubwürdigkeit", erklärt Ahchow. Es war erstaunlich, wie unkompliziert man mit ihnen zurechtkommt und wie viel Fachwissen sie haben.

Was ist denn diese unglaubliche Vorstellung?

Kurz gesagt, wie ich bereits erwähnt habe, ist es ein schneller und unkomplizierter Ansatz für Menschen, vertrauenswürdige Auftragnehmer zu angemessenen Preisen zu finden, anstatt wahllos in den Gelben Seiten zu blättern. „Das Durchsuchen des Internets oder das Durchblättern der Gelben Seiten kann wie ein Sechser im Lotto sein", erklärt Ahchow. „Die Idee kam mir, als ich nach Auftragnehmern für die Reinigungsfirma meines Vaters suchte. Ich konnte einfach nicht wissen, wie gut die Leute waren oder ob sie die Arbeit wollten."

Ahchow glaubte zunächst, dass alles maschinell erledigt werden könne. Er hebt eifrig die Arme und ruft aus: „Ich hatte die Vision einer Blackbox, die alles kann, alle Kunden mit Handwerkern zusammenbringt, und wir würden Millionen verdienen." Allerdings haben wir seit diesen Anfängen fast 4 Millionen US-Dollar für die IT ausgegeben, und es fehlt uns immer noch eine kleine Blackbox. Und das werden wir höchstwahrscheinlich auch nicht.

Die primäre Erklärung ist, dass die Bestimmung, wer gut ist und wer nicht, die Beteiligung des Menschen erfordert. Ahchow kann einfach nicht über den Alleinstellungsmerkmal verfügen, der den Betrieb von Service Central über eine Blackbox antreibt. Obwohl es praktisch für alles eine Bewertungswebsite gibt, kann man die Leute nicht einfach nach der Meinung von Handwerkern fragen. Unternehmen haben das versucht, und sie haben gesehen, wie Unternehmen ihre Konkurrenten auf der Straße herabwürdigten oder sich selbst hervorragende Bewertungen gaben. Ahchow stellte sich eine Website vor, die „unabhängig sein und ihre Unabhängigkeit nachweisen musste".

Daher erledigte Ahchow die Laufarbeit alleine.

Derzeit beschäftigt die Service Central rund 100 Mitarbeiter, die Handwerker besuchen und anhand von vier Kriterien Bewertungen vergeben. Es ist erforderlich, dass sie sich zunächst korrekt bei ihrer Handelsgruppe registrieren. Sie müssen außerdem über eine umfassende Qualifikation verfügen und diese nachweisen können. Drittens brauchen sie eine Versicherung; Ironischerweise bestehen 75 % der Unternehmen den Eignungstest von Service Central in dieser Hinsicht nicht. Ahchow wendet dann das an, was er als „Oma-Test" bezeichnet. Wir stellen uns die Frage, wenn auch recht subjektiv: „Würden Sie diese Person zum Tee bei Gran's einladen?" Es sollte nicht überraschen, dass viele Unternehmen an dieser letzten Hürde scheitern. „Es ist nicht das Image, das wir haben wollen." Projekt – wir wollen nicht Leute unterstützen, die jeden zweiten Satz beschimpfen."

Die Handwerker werden dann kategorisiert und nach Arbeitsfähigkeit und Honorarspanne eingestuft: „Wir wollen Multiplex nicht schicken, um ein Tor zu reparieren, und wir wollen keinen Handwerker schicken, um einen Wolkenkratzer zu bauen." Jedes ausgewählte Unternehmen hat Anspruch auf die Zahlung einer durchschnittlichen Jahresgebühr von 3.000 US-Dollar sowie eines Kickbacks pro Auftrag von 30 US-Dollar für größere Aufträge und 7,50 US-Dollar für kleinere Aufträge. Mittlerweile sind auf der Website über 3.000 Unternehmen registriert und der Jahresumsatz liegt bei über 5 Millionen US-Dollar, Tendenz steigend.

Obwohl Ahchows erste Million im Jahr 2007 verdient wurde, als das Unternehmen um Geld für eine weitere Expansion bat und seine fünfzigprozentige Beteiligung auf drei Millionen US-Dollar geschätzt wurde, kam das Geschäft erst 2005 richtig in Schwung. „Es war seltsam", erinnert er sich. Allerdings: „Man verhält sich nicht anders, nachdem es passiert ist." Ich tue fast immer noch so, als hätte ich kein Geld. Ich habe kürzlich ein tolles Spielzeug, einen BMW Z4, und eine Immobilie in Melbourne gekauft. Ich gehe eigentlich nicht raus und gebe viel Geld für irgendetwas anderes aus.

Ironischerweise steigerte die globale Finanzkrise die Rentabilität des Unternehmens, anstatt seinen Umsatz zu senken.

Infolgedessen, erinnert sich Ahchow, „haben wir wirklich gespart und unsere Kosten genau unter die Lupe genommen." Wir haben die

Kosten und den Personalbestand drastisch gesenkt. Es ist präventiver, als dass es uns aufgezwungen wird. Obwohl das Unternehmen weiter expandiert, sind wir auf den schlimmsten Fall vorbereitet. Alles darüber hinaus zählt als Bonus.

Da die Krise das Vertrauen der Unternehmen geschwächt hat, beobachtet Ahchow einen Anstieg der Zahl der Handwerker, die sich um eine Zusammenarbeit mit ihm bewerben: „Sie wollen so viel Arbeit wie möglich besorgen, und so werden wir plötzlich von immer mehr Handwerkern überschwemmt." Anfangs war es wirklich schwierig, aber ich denke, es ist nicht verwunderlich, dass sich in einer Rezession mehr Menschen bewerben.

Ahchow hat einige seiner Marketingausgaben reduziert und sich mehr auf die einfacher zu verfolgende Internetwerbung konzentriert, außerdem hat er einige Personalkürzungen vorgenommen.

„Ich wende oft die 80:20-Regel an", erklärt er. Es ist üblich, dass 20 % Ihrer Kunden 80 % Ihres Geschäfts ausmachen. Konzentrieren Sie sich daher auf diese 20 %. Ebenso sind 20 % Ihres Marketingbudgets für 80 % Ihres Erfolgs verantwortlich, also konzentrieren Sie sich auf diese Bereiche. Eigentlich ist es nur gesunder Menschenverstand.

Monatlich gehen etwa 10.000 Anfragen an die Servicezentrale; Diese Zahl wird jedoch erheblich steigen, nachdem Ahchow einen Vertrag mit einem großen Baumarkt über die Belieferung seiner Kunden mit Handwerkern abgeschlossen hat. „Wir sprechen jetzt mit AGL und True Energy [darüber, wie wir ihnen helfen können], ihre Arbeitsbelastung zu bewältigen, um ihre [überzähligen] Aufträge auch an Handwerker zu vergeben", bekundete ein Vertreter eines anderen großen Unternehmens Interesse an einer Beteiligung.

Laut Ahchow hat die Rezession auch die Bereitschaft der Unternehmen für Joint Ventures erhöht. „Jetzt ist ein guter Zeitpunkt, um herauszufinden, mit wem Sie zusammenarbeiten können, um Ihr Unternehmen auszubauen."

Ähnlich wie bei der Bewertung von Verkäufern bei eBay werden Kunden aufgefordert, Handwerker nach Abschluss ihrer Arbeit zu bewerten, um einen gleichbleibend guten Service zu gewährleisten. Ein Handwerker, der weniger als drei von fünf Sternen erhält, muss sich gegenüber Ahchow und seinen Mitarbeitern gegen die Streichung aus dem Register wehren.

Auch wenn die Handwerker jetzt Schlange stehen, um mitzumachen, merkt Ahchow an, dass es zunächst schwierig war. Allein um ein Treffen mit einem der 600 Klempner zu vereinbaren, die ich anrufen musste, brauchte ich vier Stunden, um ihn davon zu überzeugen, sich uns für eine magere Jahresgebühr von 80 US-Dollar anzuschließen. Einzelne beharrten darauf, dass sie alles schon einmal gehört hätten. In solchen Momenten ist es schwierig, am Glauben festzuhalten, aber ich war mir des Konzepts so sicher – wenn wir nur genügend Handwerker finden würden, würde es meiner Meinung nach gelingen.

Es erforderte enormes Vertrauen seitens Ahchow und seines Vaters sowie der Händler, die bei der Finanzierung der Initiative halfen. Und „Klempner, nur um ein Projekt zu bekommen – ich musste 600 anrufen, um durchzuhalten."

Ein bisschen Glück. „Wir haben uns mit einem von ihnen getroffen und Radioansagen gemacht." Und selbst dann dauerte es vier Stunden, ihn davon zu überzeugen, die magere Jahresgebühr von 16.000 US-Dollar zu zahlen. Monat, was den Beitritt zu uns wie eine Gebühr erscheinen ließ. Die Menschen gingen ein erhebliches Risiko ein. dass sie zuvor gehört hatten, was der Radiosender zu sagen hatte. In Situationen wie diesen kann es schwierig sein, einen Wettbewerb aufrechtzuerhalten, bei dem der Glaube ein großer Sponsor ist, aber ich fühlte mich so zuversichtlich.

„Ich war mir sicher, dass es scheitern würde, also könnten wir arbeiten, wenn wir zufällig genug Handwerker werden könnten." wir haben angefangen.

Der Service wird derzeit an der Goldküste ausgeweitet und ist von Melbourne über Sydney nach Brisbane bis hin zur Ostküste erreichbar. Als nächstes geht es nach Übersee. Obwohl die USA einen vergleichbaren Service anbieten, heißt das nicht, dass er nicht dorthin reisen kann, behauptet Ahchow. „Der First-Mover-Vorteil ist nicht alles; es kommt darauf an, wie man den Markt angeht." Allerdings gibt es weder in Europa noch im Vereinigten Königreich so etwas wie uns, und das ist ein beträchtlicher Markt.

Es wird einige Zeit dauern, bis Service Central in Australien übernimmt. Angesichts seines aktuellen Leistungsniveaus kann man jedoch mit Sicherheit den Schluss ziehen, dass Ahchow eine sehr rosige Zukunft vor sich hat.

Nick Gardner

Goldene Vorschriften

1. Halten Sie den Kontakt zu Ihren Mitarbeitern aufrecht. Sie müssen verstehen, dass Sie die Verantwortung tragen und dass sie wissen müssen, was vor sich geht. Informiere Sie.
2. Es ist wichtig, intelligente Menschen zu befähigen und nicht nur zu lokalisieren.
3. Machen Sie niemals ein Versprechen, das Sie nicht halten können.
4. Reduzieren Sie Ihre Ausgaben während eines wirtschaftlichen Abschwungs.
5. Achten Sie auf die 20 % Ihrer Kundschaft, die den größten Teil Ihres Umsatzes erwirtschaften.
6. Machen Sie sich niemals etwas vor; Gehen Sie immer vom Worst-Case-Szenario aus und entwickeln Sie Ihren Businessplan entsprechend.

Kapitel 2: Baron ignoriert das Worst-Case-Szenario

Mark Pubboy Alexander-Erber; gegründet 1997; zwölf Mitarbeiter; ungeklärter Umsatz

Mark Alexander: Erber hat einen starken Sinn für das Leben. Gegenstände wie Damen, Tätowierungen, Harley-Davidsons, schnelle Autos und Schusswaffen. Um es kurz zu machen: Er ist kein typischer Millionärsgeschäftsmann. Tatsächlich ist er möglicherweise kein Millionär mehr, je nachdem, welchen Berichten über sein Pubboy-Imperium Sie glauben. Dennoch war sein extravaganter Weg zum Reichtum zweifellos farbenfroh.

Auch Alexander-Erber bedient sich einer lebhaften, ja halluzinogenen Sprache.

Er gab zu, dass 2007 – das Jahr, in dem er siebenunddreißig wurde – ein schreckliches Jahr war. Alles, was schief gehen konnte – Scheidung, Diebstahl, Überschwemmung und Feuer – passierte. Er besteht darauf, dass kein normaler Mensch mit dem hätte umgehen können, was ihm 2007 passiert ist: „Es gibt einfach keine verdammte Möglichkeit, wie ein normaler Geschäftsmann damit hätte umgehen können." Am Ende hätten sie verdammte Medikamente eingenommen und am Daumen gelutscht, während sie zusammengerollt in der Ecke lagen.

Das ist mir gelungen, weil ich glaube, dass ich die allerbesten Eigenschaften eines Unternehmers verkörpere. Das ist tatsächlich der Fall. Das stimmt – es ist mir scheißegal, was die Leute sagen. Ich bin aufrichtig. Du hast mich aufgeschnitten und ich habe geblutet. Ich lache, wenn du mir etwas Humorvolles erzählst. Ich weine, wenn ich etwas Trauriges sehe. Das bin ich selbst, keine verdammte Leistung.

Das merken die Leute nicht. Was sie sehen wollen, ist, was sie sehen.

Vor ein paar Jahren, als Pubboy auf dem Vormarsch war und eine Kette von 26 Hotels ihre Einnahmen in die Jeanstaschen ihrer Besitzer steckte, besuchte ich Alexander Erber in seinen Büros in Paddington, Sydney.

Sein opulentes Zuhause verfügte über einen Billardtisch, Motorräder, Flipperautomaten, eine riesige Stereoanlage und lächerlich große Fernseh- und Computerbildschirme. Gerahmte Artikel, die seine geschäftlichen Fähigkeiten und seine Mitgliedschaft in der Young Rich List von BRW demonstrierten, schmückten die Wände des Herrenhauses. Ihn mit dem etwas selbstgefälligen Kevin Rudd zu vergleichen, wäre so gewesen, als würde man ihn als medienfreundlich bezeichnen. Man kann mit Sicherheit sagen, dass er, nachdem seine Beziehung mit der Brautjungfer von Prinzessin Mary von Dänemark, Amber Petty, ans Licht kam, ein wenig von seiner Begeisterung für die Presse verlor. Ein Bild der beiden auf einer Pubboy-Weihnachtsfeier mit einer Gruppe Biker, darunter Bandidos-Anführer Rodney „Hooks" Monk (der später getötet wurde), löste einen Mediensturm aus, wie er ihn noch nie erlebt hatte.

Alexander-Erber schüttelt bedauernd seinen kahlen Kopf und stellt fest, dass er nie Teil einer Biker-Gang war. Die Leute versuchen, mich damit in Verbindung zu bringen; Es sei ein mediengetriebenes Phänomen, behauptet er. Wie das Sprichwort sagt: „Ich muss schlecht sein, oder ich muss schlecht denken, denn ich fahre Harleys, habe einen Spitzbart, eine Glatze und Tätowierungen." So ist es überhaupt nicht. Mein enger Freund ist der israelische Botschafter in Australien. Er ist ein wunderbarer Mann, aber wenn ich mit ihm Zeit verbringe, wird sich plötzlich niemand mehr als pro-israelisch bezeichnen.

Allerdings gebe ich zu, dass ich lieber ein paar der Biker-Freunde, die ich kenne, zu mir nach Hause einladen würde, als die Hälfte der Banker. Sie sind aufrichtige und viel nettere Menschen.

Alexander-Erber hat sich wahrscheinlich noch keinen seiner neuesten Zeitungsausschnitte einrahmen an die Wand hängen lassen.

In den Schlagzeilen hieß es, sein Imperium sei gescheitert und er schulde 20 Millionen Dollar. Er möchte lieber nicht weiter auf das Thema eingehen. Er würde jedoch zugeben, dass von der ANZ Bank, der angeblich 10,5 Millionen US-Dollar geschuldet werden, ernannte Insolvenzverwalter inzwischen zumindest einige seiner Pubs besitzen.

Im Jahr 2007 kam es zu mehreren Zwischenfällen: Bränden Es wurde in der Bibel gefunden. Als ich aus den drei zerbrochenen Fenstern auf eine der Überschwemmungen in Mudgee blickte, dachte ich, ich würde Zeuge seiner Heuschreckenplage in Newcastle werden. Bars] und Räuber „Es war biblisch. Ich dachte einmal, ich würde Zeuge eines Heuschreckenplages werden, als ich aus dem Fenster spähte.

Dann scheiterte meine Ehe, was schwierig war. Eine Reihe von Dingen zwangen mich zu einer Neuordnung. Ich möchte darauf hinweisen, dass jeder Bericht, der über mich aufgetaucht ist, eine völlige Fälschung ist. Wir sind überhaupt nicht pleite.

„Ich habe Änderungen vorgenommen." Ich beschloss, mit den Banken zusammenzuarbeiten. Wir sind nicht wegen 20 Millionen Dollar gescheitert; Ich restrukturiere die Organisation in Zusammenarbeit mit Administratoren und Insolvenzverwaltern. Ein Teil wird verkauft, um den Bankkredit zu begleichen. Um weiter voranzukommen und alle meine Gläubiger zu begleichen, hoffe ich, eine Vereinbarung zur Rückforderung einiger Barren auszuhandeln.

Die meisten Menschen würden es als einen völligen Albtraum empfinden, aber Alexander Erber behauptet, er sei „so glücklich und aufgeregt" über das, was passiert ist, dass es ihm schwerfällt, seine Gefühle auszudrücken. „All das hat mich gezwungen, mich neu zu fokussieren und über meine Ziele und mein Leben nachzudenken." Sie beginnen sich zu fragen: „Wie viele Autos möchten Sie?" an dieser Stelle. Wie viele Flash Homes möchten Sie besitzen? Ich war schon immer spirituell, aber irgendwann habe ich mich verirrt. Ich stelle fest, dass ich jetzt mehr Zeit habe, mich hinzusetzen und über meine Fehler nachzudenken.

Für ihn ist es eine entscheidende Lektion fürs Leben, was manche Menschen in die Verzweiflung oder Schlimmeres treiben könnte: „Ich betrachte nichts als etwas, das schief geht; ich betrachte es als eine Erfahrung." Diejenigen, die eng mit mir zusammengearbeitet haben, haben mich zweifellos im Stich gelassen, und ich übernehme die Verantwortung dafür. Ich hatte zu viel Vertrauen in sie. Sie wussten nicht, was sie taten, obwohl ich davon überzeugt war, dass sie es taten. Ich habe die unglaublichste Erfahrung gemacht und jeder, der mich außen vor lässt, wäre dumm.

Obwohl die Zukunft verhaltener aussieht, hat Alexander-Erber sie immer noch im Blick und sagt: „Die Art und Weise, wie ich die Dinge einrichten werde, wird mich für den Rest meines Lebens vorbereiten." Ich lerne einige erstaunliche, spirituelle Menschen kennen, die mir die Daumen drücken. Ich bin begeistert davon. Ich habe großes Glück, dass ich mir dieses Wissen schon so jung aneignen kann. Ich bin auch nicht verzweifelt.

Trotz seiner farbenfrohen Tätowierungen, auf denen auf seinem ganzen Rücken der Satz „Lebe das Leben auf deine eigene Weise" zu lesen ist, den Eindruck erwecken würde, er stamme aus dem gemeinen Leben, wuchs Alexander Erber in Vaucluse auf und besuchte die Cranbrook and Sydney Grammar School, wo auch James Packer war ein Student. Aber ihm gefielen die „Einengungen der Schule" nicht und so brach er mitten in der 12. Klasse ab, um eine Gastronomieschule zu besuchen.

Er begann 1985 im George Street Regent Hotel zu arbeiten. Er blieb dort bis 1997, als er das Iron Duke, seine erste Bar, kaufte. Sein Pubboy-Imperium wuchs weiter, bis er 2003 den Status eines „Papiermillionärs" erlangte. Auch wenn das einige überraschte, war es für ihn nur das Ergebnis lebenslanger unternehmerischer Bemühungen. „Ich habe mein ganzes Leben lang Geld verdient, indem ich Dinge wie Autowartung und Autowäsche am Wochenende erledigt habe", behauptet er.

Schon in jungen Jahren nutzte ich Affirmationen und Visualisierungen, um meinen Geist zu formen. Auch wenn solche Dinge in meinem Leben noch nicht wahr waren, habe ich mit fünfzehn Jahren meinen Geist darauf trainiert, so zu denken und zu glauben. Ich wachte jeden Morgen auf und verkündete: „Ich bin Multimillionär, ich fahre einen Rolls und lebe in einem Haus am Wasser." Wenn Sie an etwas glauben, materialisiert es sich und geschieht.

Er hielt es für entscheidend, sich etwas Gutes zu tun, als die Multimillionärs-Visualisierung eintrat, und das tat er auch. Seit ich Auto fahre, besitze ich immer zwei Fahrzeuge, entweder einen Porsche und einen Oldtimer oder einen Mustang und einen Land Cruiser. Ich besaß zeitweise dreizehn Autos. Obwohl ich nicht viel Kleidung kaufe, genieße ich den Besitz von Schusswaffen. Ich bin ein Waffensammler und besitze ungefähr zehn Pistolen. Ich besitze ein umfangreiches Sortiment an Rock'n'Roll-Souvenirs. Ich schätze, ich habe Geld für ähnliche Artikel ausgegeben. Ich besitze eine Kachel aus dem Schwimmbad, in dem Brian Jones, das ursprüngliche Mitglied der Rolling Stones, ums Leben kam.

Das ist wirklich großartig.

Obwohl er beklagt, dass sein Privatleben mit dem Wachstum der Marke Pubboy öffentlich bekannt wurde, war er von dem Vorfall nicht besonders beunruhigt. Tatsächlich behauptet er, dass Foxtel und ein großer Sender Interesse an seinem Reality-TV-Programm bekundet hätten, das er derzeit entwickelt. „Es ist eine großartige Darstellung meines Lebens", bemerkt er. Ich habe eine starke Leidenschaft für alles, was ich tue. Meine Kinder sind die Quelle meiner Leidenschaft. Ich bin begeistert von meinem Unternehmen. Da ich unverheiratet bin, interessiere ich mich stark für Frauen.

Geld fließt rein und raus. Alles, was Sie mit nach Hause nehmen, ist eine gute Seele.

Stephen Corby

Goldene Vorschriften

1. Führe ein Leben, das zu dir passt.
2. Halte an deinen Träumen fest.
3. Habe Vertrauen in dich selbst.
4. Machen Sie Liebe statt Konflikte.
5. Sortieren Sie Ihre Prioritäten.
6. Und vergessen Sie nie, dass Bruce Springsteen der wahre Boss ist.

Kapitel 3: Eine Werbung für The Good Life

Allaway Grant AD2one; gegründet 1999; fünfzig Arbeiter

Reiche Leute wie Grant Allaway. Er ist nicht nur jung, attraktiv und verfügt über ein Vermögen. oder dass er unverschämt zu viel für maßgeschneiderte Anzüge und Hemden ausgibt. Es gibt einfach keine andere Möglichkeit, dass er existieren könnte. Er gibt zu: „Ich wäre schrecklich, wenn ich arm wäre." „Wenn ich ein Budget festlegen oder zweimal überlegen müsste, bevor ich eine teure Mahlzeit kaufe oder eine Reisereservierung vornehme, würde ich den Verstand verlieren." Ich wäre über solche Dinge ziemlich irritiert.

Bemerkenswert ist auch, dass Allaway AD2ONE leitet, eine Internet-Werbefirma, die er im Jahr 2000 von einer vierköpfigen Organisation, die kurz vor dem Zusammenbruch stand, zu einem internationalen Unternehmen mit einem Umsatz von 20 Millionen US-Dollar in den Jahren 2008–2009 aufgebaut hat. Da es sich nun um die neue Online-Werbeagentur von AOL mit Niederlassungen in Sydney und London handelt, ist es die größte Agentur ihrer Art in Australien.

Wie Allaway anmerkt, gab es bis zur Wirtschaftskrise von 2009 noch nie zuvor eine wettbewerbsfähige Werbeoption für Fernsehen, Radio und Zeitungen. Online-Werbung gab es während früherer schwerer Rezessionen nicht.

Werbetreibende genießen diese Alternative offensichtlich, wie die Umsatzsteigerung von 15 % im Jahr 2008 gegenüber dem Vorjahr zeigt. Dennoch räumt Allaway ein, dass sein britisches Unternehmen 2008 ein „relativ flaches" Jahr 2008 gehabt hätte, wenn er eBay nicht als bedeutenden Kunden gewonnen hätte. Allerdings stiegen seine Einnahmen aufgrund des Geschäfts um 200 %.

Er erklärt: „Wir befinden uns in einer großen Rezession." Wir haben das Glück, in einer Branche zu arbeiten, die nicht stark betroffen ist. Der Hauptgrund dafür ist, dass Internetwerbung übersichtlich, kostengünstig und leicht zu überwachen ist. Werbetreibende verlagern ihre Ausgaben von traditionellen Medien auf das Internet.

Nachdem Allaway und seine Frau Sarah und ihre drei Kinder unter fünf Jahren 20.000 Pfund für First-Class-Flüge von London aus ausgegeben haben, treffe ich ihn auf dem 12 Millionen Dollar teuren Anwesen am Meer in McMahons Point, das er für seinen Aufenthalt gemietet hat. Es ist mir egal, fügt er hinzu: „Ah, die Kinder können manchmal im Flugzeug spielen, und die anderen Passagiere müssen mich hassen." Die Kinder können herumlaufen und betreut werden, der Aufwand ist also gerechtfertigt. Es ist wunderbar. Heutzutage fliege ich immer in der ersten Klasse.

Als ich dort ankomme, krabbelt Allaway über den Boden, während seine beiden kichernden Mädchen auf seinem Rücken herumklettern, was die ideale Szene für ein freudiges Familienleben schafft.

Allerdings war sein Leben nicht immer so perfekt. Seine Mutter war Hausfrau und sein Vater arbeitete als Finanzdirektor für ein Stahlunternehmen. Er wurde in London geboren und hatte ein gutes frühes Leben. Er beschreibt sie als „die klassische Vorstadtfamilie mit 2,2 Kindern, die ein angenehmes Dasein führt." „Jedes Jahr zu Weihnachten bekam ich das Fahrrad, das ich wollte, und alles." Ich stand meiner Mutter sehr nahe; Tatsächlich war ich so etwas wie ein Mamasöhnchen. Doch eines Morgens, als ich zwölf Jahre alt war, stand meine Mutter nicht wie üblich zum Frühstück auf. Stattdessen war es mein Onkel. Meine Eltern seien bei einem Autounfall ums Leben gekommen, erzählten sie mir unverblümt, als ich nach unten ging und alle meine Verwandten sah.

MEINE ERSTE MILLION DOLLAR:

Ich war offensichtlich am Boden zerstört und weinte, aber ich gab nicht auf. Du schaffst es, weiterzumachen. Selbst wenn man zwölf ist, tut man es einfach.

Einige Jahre später brachten Allaways Ärzte seinen quälenden Hautausschlag mit dem Stress und der Depression in Verbindung, die er nach dem Tod seiner Eltern verspürte. Geld war eine Sache, um die er sich keine Sorgen machen musste. Da er Waise war, hatte er Anspruch auf zusätzliche Leistungen in Höhe von 65 £ pro Woche. Das war 1985 ein Vermögen, da war man zwölf Jahre alt und hatte keine Ausgaben! Ich war mit den neuesten Laufschuhen und Trainingsanzügen ausgestattet. Außerdem wusste ich, dass es einen Treuhandfonds in Höhe von 200.000 Pfund gab, der sich ab meinem 18. Lebensjahr auszahlen würde, sodass ich mir nie wirklich Sorgen um Geld machen musste. Es existiert schon seit Ewigkeiten. Ich war sparsam, weil ich es zu früh ausgegeben habe, aber es gibt immer noch mehr.

Allaway ging gern zur Schule und war immer die am besten gekleidete Schülerin. Als er an die Universität kam, hatte er bereits 200.000 Pfund gewonnen. „Ich habe alles ausgegeben", erklärt er. „Als ich im Alter von 21 Jahren meinen Universitätsabschluss machte, war alles verschwunden."

Aber er tätigte mit dem Geld einen sinnvollen Kauf: eine Kaution von 3.000 Pfund für eine 30.000 Pfund teure Wohnung in Brighton, die jetzt einen Wert von etwa 170.000 Pfund (370.000 Dollar) hat. „Wenn der Wert der Scheißwohnung, die ich habe, auf 200.000 Pfund steigen kann, dann habe ich alle meine Verluste wiedergutgemacht!" Das wäre auf jeden Fall bemerkenswert.

Nachdem er das College abgeschlossen hatte und zum ersten Mal in Armut geriet, bekam er einen Job in einem Fotogeschäft, wo er Leute anrief, um ihnen Gutscheine für Familienporträts zu verkaufen. „Es hat mir wirklich Spaß gemacht", bemerkt er. „Ich dachte mir, dass ich danach im Medienvertrieb arbeiten werde", also nahm ich Verkaufspositionen bei einer Reihe von Zeitschriften an, von denen eines sogar ein Firmenauto anbot, was ich als den Höhepunkt meiner Errungenschaften ansah! Anschließend begann er für den Verlag Reed Elsevier zu arbeiten, wo er seine Vertriebsfähigkeiten ausbaute, indem er Firmenkunden Werbeflächen in verschiedenen Zeitschriften vorstellte. Später, im Jahr 1995, bekam er seinen ersten Online-Job als Verkauf von Internetanzeigen für Reed, als das Internet noch in den Kinderschuhen steckte. „Ich musste jedem potenziellen Kunden klarmachen, was eine Website ist", erklärt er. Die Leute haben es einfach nicht verstanden, geschweige denn Lust, in bezahlte Werbung zu investieren. Ich glaube nicht, dass ich ein ganzes Jahr lang Verkäufe getätigt habe.

Allaway verließ Reed 1999, um mit einem Freund und ehemaligen Kollegen zusammenzuarbeiten, der AD2ONE in London leitete. Die Agentur wurde gegründet, um für den französischen Medienkonzern Vivendi Werbeanzeigen auf mehreren Websites zu vermarkten. Allerdings war die Dotcom-Blase nach einer explosionsartigen Expansion geplatzt und AD2ONE in der Schwebe. Jede bedeutende europäische Stadt verfügte über ein von Vivendi betriebenes AD2ONE-Büro. MEINE ERSTE MILLION DOLLAR:

Mit Ausnahme des Londoner Standorts seien alle geschlossen worden, da trotz unserer Verluste einige Einnahmen erzielt worden seien, behauptet der Mann. Schließlich sagten mein Geschäftskollege Julian und ich, die damals AD2ONE leiteten, zum Eigentümer: „Sehen Sie, wenn wir gehen, haben Sie keine Gesellschaft mehr." Dies geschah, nachdem ein kleines Privatunternehmen das Unternehmen übernommen und nichts unternommen hatte. Warum überlassen Sie es uns nicht einfach, damit umzugehen?"

Deshalb haben wir Maßnahmen ergriffen. Alles, was wir tun mussten, war, die Schulden in Höhe von 150.000 Pfund zu übernehmen, und schon waren wir Eigentümer des Unternehmens.

Die beiden machten sich sofort an die Arbeit, auf allen Vivendi-Websites zu verkaufen und neue Websites zu finden, auf denen sie Werbung verkaufen konnten. „Wir waren nur so gut wie die Websites, die wir repräsentierten, weil niemand auf Müllseiten werben wollte", erinnert er sich und gab ihnen damit einen starken Anreiz, kluge Entscheidungen zu treffen. Wir haben uns sofort die Rechte an Disney, Discovery Channel und Eurosport gesichert. Dann begannen wir, Werbeflächen an Unternehmen wie Ford zu verkaufen, denen die Rücklaufquoten egal sind und die lieber wollen, dass ihre Marke auf den Websites anderer seriöser Firmen gesehen wird. Markenwerbung ist unsere Spezialität; Wir ordnen die richtigen Anzeigen den richtigen Websites zu. Wir haben Expedia.com und Lonely Planet in Australien gewonnen. au kurz nach der Eröffnung, was fantastisch war.

Seine erste Million erhielt er 2005, als er und sein Partner einen eklatanten Gewinn von 3 Millionen US-Dollar teilten, den das Londoner Unternehmen erwirtschaftet hatte. In diesem Jahr startete AD2ONE in Australien und begann mit dem Verkauf von Werbung auf britischen Websites an australische Kunden. Er erklärte, dass er „immer geglaubt habe, ich hätte alles, was ich sehen würde, nur für Aus-Aber wie er es ausdrückt: „Ich habe gelernt, dass Zeitungen so viel Unglück auf einmal verursachten, und zwar schon in der Times und The am Morgen, als ich zwölf war.", Sky und Guardian. Leichtathletik. Es ist derzeit Australiens größte Online-Agentur und wächst schnell.

Allaways Situation verbessert sich derzeit, und einige könnten sagen, dass er es eher leicht hatte. Doch wie er es ausdrückt: „Ich habe immer gedacht, dass an diesem Morgen, als ich zwölf war, mein ganzes Pech passierte."

Nick Gardner

Goldene Vorschriften

1. Gehen Sie bei Ihren Ausgaben niemals über Ihr Einkommen hinaus.
2. Um klugen Rat zu geben, umgeben Sie sich mit sachkundigen

Spezialisten wie Anwälten und Buchhaltern.

3. Nutzen Sie Rezessionen, um die Ausgaben zu senken.

4. Verlieren Sie nie aus den Augen, was Ihr Unternehmen auszeichnet.

5. Unterschätzen Sie niemals Ihre Konkurrenten. Es ist in Ordnung, paranoid zu sein.

6. Stellen Sie sicher, dass Sie die Kinder baden, wenn Sie nach Hause kommen.

Kapitel 4: Millionen für andere einbringen

Charles AnstisFinancial Group Mandala; gegründet 2009; fünf Arbeiter; 750.000 $ GPA-Matrix-Umsatz; gegründet 1973; dreizehn Arbeiter; Jahresumsatz von fast 3 Millionen US-Dollar

Er wandert jedes Jahr einen Monat lang im Himalaya und meditiert vier Stunden pro Woche. Außerdem hat er in seinem opulenten, mehrere Millionen Dollar teuren Haus im Hunter Valley einen Dressurring aufgebaut. Das ist kein typischer Finanzberater, Charles Anstis.

Seine Klientel besteht größtenteils aus zielstrebigen, geldbesessenen Unternehmens-Überfliegern oder Sportstars, aber er sieht darin keinen Konflikt, weil er sich mehr auf die Lehren des indischen spirituellen Gurus Amma konzentriert als auf seinen nächsten Provisionsscheck. Viele sind nur daran interessiert, Vermögen anzuhäufen, und Anstis unterstützt sie dabei. „Ja, wir haben 200 Millionen US-Dollar an investierten Kundengeldern", bekräftigt er. „Und darauf bin ich stolz, denn wir haben vielen Menschen viel Geld eingebracht."

Zu seinem Beruf gehört aber nicht nur die Suche nach der idealen Lebensversicherung für seine Kunden, denn er ist spirituell veranlagt: „In meinem Job geht es sowohl um die Beratung meiner Kunden als auch darum, ihnen finanzielle Ratschläge zu geben." Ich spreche häufig mit Kunden, die über viel mehr Geld verfügen, als sie jemals ausgeben könnten, und es macht für sie keinen Unterschied, wie viel Geld ihnen meine Investitionen jährlich einbringen.

Infolgedessen stelle ich ihnen Fragen, um herauszufinden, was sie sich wirklich vom Leben wünschen. Warum versuchen sie, mehr Reichtum anzuhäufen? Was hoffen sie mit ihrem Geld zu erreichen?

Die Menge an Menschen, die nicht wissen, warum sie arbeiten oder was ihre ultimativen Ziele sind, wird Sie in Erstaunen versetzen. Ich unterstütze Kunden dabei, diese Ziele zu identifizieren und solide Finanzpläne zu erstellen, um diese Ziele zu erreichen.

Laut Anstis könnte das Verfahren emotional anstrengend sein. Das sind Fragen, die vielen Menschen noch nie gestellt wurden. Um darauf zu reagieren, müssen Sie außerdem auf bisher unüberlegte Weise über Ihre Gefühle sowie die Ihrer Familie und sich selbst nachdenken. Sie werden überrascht sein, wenn Sie aus der Art und Weise, wie Sie Ihren Nachlass aus Steuer- oder Erbschaftsgründen regeln, viel über Ihre Werte und Gefühle gegenüber Ihrer Familie erfahren. Auch wenn es mitunter eine anstrengende Prozedur sein kann, glaube ich wirklich, dass mir äußerst private Informationen anvertraut werden.

Anstis, aus dem wunderschönen New Forest in England, verließ das Oxford Polytechnic nach nur einem Jahr Finanz- und Rechnungswesenstudium, um eine Stelle im Nahen Osten anzunehmen, weit mehr, als Sie sich vorstellen können, was Ihre Gefühle für die Abteilung, Ihre Familie und Ihre eigenen betrifft Entwicklung

Werte existieren. Wie ich bereits erwähnte, kann es manchmal ein aufregender und anstrengender Prozess sein. "Wir schauten." Ich habe wirklich das Gefühl, dass ich viele enge Beziehungen zu sehr privaten Würdenträgern und Persönlichkeiten pflege. Teilnehmer in verschiedenen Königshäusern der Region. Grindlays schickten mich jedes Jahr nach Cannes, um auf sie aufzupassen, wenn sie nach Südfrankreich reisten. Der Großteil meiner Arbeit umfasste einfache Bankaufgaben, aber danach begann ich, ihnen bei allem zu helfen, vom Lebensmitteleinkauf bis zur Abholung ihres Autos vom Flughafen. Ich habe viel über Service gelernt und wie ich daraus wirklich einen Mehrwert schaffen kann.

Die Bräuche der Fürsten aus dem Nahen Osten stimmten nicht immer mit denen Frankreichs überein. Anstis behauptet, dass ein

Mitglied der saudischen Königsfamilie einmal eine kleine Bankfiliale in Monaco betreten und 50.000 US-Dollar in bar verlangt habe, um ein Casino zu besuchen. Dieser Vorfall ereignete sich Ende der 1980er Jahre. Natürlich glaubten die Franzosen, dass dies unmöglich sei und gaben an, dass es normalerweise eine Woche statt einer Stunde dauern würde – ganz zu schweigen davon, dass sie keine Ahnung hatten, wer er war. Er hatte seinen Reisepass nicht dabei, als sie ihn nach seinem Ausweis fragten. Dann ging er nach draußen zu seinem Auto, kam mit einem Umschlag zurück und deutete auf die Briefmarke mit seinem Kopf! Nach langem Hin und Her gaben sie ihm schließlich das Geld.

Während seiner Anstellung bei Grindlays erlebte Anstis mehrere Stationen in Australien. Er kam zu dem Schluss, dass es einen höheren Lebensstandard bot als die schmutzigen Straßen und der düstere Himmel Londons. „Wir sind dorthin gegangen, weil meine Frau und ich das Hunter Valley wirklich genossen haben", erklärt er. Es war zwar nicht viel Geld, aber es reichte. Ich hatte jedoch eine solide Beziehung zum Versicherer Lloyds of London, bei dem ich wusste, dass ich einige seltsame und risikoreiche Versicherungen abschließen konnte – die Art, bei der die meisten Menschen nicht wissen würden, wo sie suchen sollten.

Anstis holte das Telefonbuch heraus und begann, Unternehmen anzurufen und seine Dienste anzupreisen. Um Fußballer oder Rugby-League-Spieler abzusichern, für die andere Leute einfach keine Versicherung aushandeln können, „würde ich im Grunde genommen seltene, maßgeschneiderte Versicherungsdeckungen finden – oft Policen im Wert von mehreren Millionen Dollar." Betrachten Sie als Beispiel einen Rugby-League-Spieler, der eine Verletzungsversicherung anstrebt: „Ein typischer Vertrag sieht möglicherweise ein Gehalt von 300.000 US-Dollar pro Jahr vor, das sind also 900.000 US-Dollar über eine Vertragslaufzeit von drei Jahren." Im Allgemeinen erhält ein Spieler das Gehalt für die laufende Saison und nichts weiter, wenn er sich im ersten Jahr verletzt. Wir besorgen dem Sportler eine

Versicherung, die im Falle einer Verletzung, die seine Karriere beendet, 600.000 US-Dollar auszahlt und das zweite Jahr abdeckt und 3 des Deals auch.

Laut Anstis können die Summen, um die es geht, extrem hoch werden. Beispielsweise ist „Ihr Verein muss gegen den Spieler abgesichert sein, der eine Verletzung erleidet, die seine Karriere beendet, während er für sein Land im Ausland spielt", ein Anliegen für Fußballstars, die an internationalen Turnieren teilnehmen. Diese Versicherungen können einen Wert von über 100 Millionen US-Dollar oder möglicherweise mehreren zehn Millionen US-Dollar haben.

In den 1990er Jahren expandierte das Unternehmen von Anstis aufgrund der Rentabilität der Beschäftigung. Er hatte gute Chancen, seine erste Million zu erreichen. Danach ließ er sich scheiden. Er vergleicht es mit „Schlangen und Leitern". „Das hat mich wirklich umgehauen."

Er arbeitete jedoch weiter und das Unternehmen expandierte weiter. Im Jahr 2004 erwarb Anstis schließlich GPA Matrix, ein Finanzplanungsunternehmen, das er und sein Geschäftspartner zu einem der wohlhabendsten in Australien entwickelt hatten. „Wir haben den verwalteten Geldbetrag verdoppelt, die Anzahl der Kunden verdreifacht und den Wert des Unternehmens verdreifacht", behauptet er. Wir haben derzeit 3.000 Kunden, die Gebühren zahlen, die meiner Meinung nach durchschnittlich etwa 2.000 US-Dollar pro Jahr betragen. Meine erste Million verdiente ich wahrscheinlich etwa im Jahr 2004, aber wenn man diesen Meilenstein überschreitet, löst das keine wirklichen Alarmsignale aus. Es überfällt dich einfach.

Und die Spannung tat es auch. Anstis wurde vor etwa drei Jahren gesagt: „Ich weiß nicht, warum Sie so gestresst sind, wenn man bedenkt, wie viel Geld Sie verdienen." In diesem Moment wurde Anstis klar, dass der Mann Recht hatte. Er bemerkt: „Ich habe nie wirklich darüber nachgedacht."

Das bedeutet, dass ich genauso schuldig bin wie meine Kunden – möglicherweise zu hart arbeite und nicht alle meine Optionen gründlich abwäge. Ich liebe jedoch, was ich tue, und ich werde damit aufhören, sobald ich das Interesse daran verliere.

Anstis entschied sich 2009 für den Alleingang. Mit all seinen Kunden und seinem bewährten Geschäftsplan gründete er die Mandala Financial Group. Normalerweise verlangt er nichts im Voraus, sondern erhebt eine jährliche Gebühr in Höhe von 0,5 Prozent der von ihm verwalteten Mittel.

Er behauptet, die Finanzkrise habe ihn schwer getroffen, da sein Einkommen aus dem Vermögen seiner Kunden bestehe. Aufgrund der Marktvolatilität suchen viele Verbraucher nun nach ständiger Kontrolle und Sicherheit. Viele benötigen außerdem Anleitung, wie sie mit Liquiditätsengpässen, dem Gefühl, ihr Geld sei brüchig, und Entlassungen oder verkürzten Arbeitswochen umgehen sollen.

Menschen, die sich Sorgen machen, können schwer zu überzeugen sein.

Laut Anstis treffen Menschen Entscheidungen häufig auf der Grundlage ihrer Emotionen, obwohl sie in Wirklichkeit die gegenteilige Entscheidung treffen sollten. Manche Leute möchten zum Beispiel sofort gegen Bargeld verkaufen, obwohl Sie wissen, dass es klüger wäre, abzuwarten oder Ihre Investitionen sogar zu erhöhen.

Anstis verbrachte vor der Gründung von Mandala viel Zeit bei Matrix mit der Bewältigung des Abschwungs und der Durchführung von Geschäftsanalysen auf „Zero-Cost-Accounting-Basis". „Ich frage mich, ob wir die verschiedenen Produkte und Dienstleistungen überhaupt brauchen", erklärt er. Ich habe meine Ausgaben für PR und Marketing reduziert." Er dachte auch noch einmal über den Kauf neuer Ausrüstung nach. Ich begann mich zu erkundigen, wie lange der Fotokopierer durchhalten würde. Es dauerte noch zwölf Monate. Es ist lediglich eine genaue Prüfung der Kosten in allen Betriebsbereichen erforderlich.

Anstis ist immer noch wohlhabend und hat weiterhin Freude daran. Obwohl er weder eine Yacht noch ein schickes Auto besitzt, betreibt er auf seinem 20 Hektar großen Anwesen im Hunter Valley ein Gestüt für Dressurpferde. Es ist eine wahre Leidenschaft, erklärt er. „Obwohl es ein profitables Unterfangen ist, stelle ich es als Hobby in den Vordergrund." Jedes Pferd hat einen Wert von etwa 30.000 US-Dollar und der Markt ist ziemlich spezialisiert. Ich bin im Dressurreiten nicht sehr begabt; Meine Frau ist eine fantastische Reiterin.

Anstis behauptet auch, „glücklich zu sein, wenn sie glücklich sind", obwohl seine fünf Kinder Privatschulen besuchen, was mit „erheblichen Kosten" verbunden ist. Zusammenfassend stellt er fest: „Ich schätze mich äußerst glücklich und bemühe mich, mich weder vom Geld noch von den Insignien des Erfolgs verführen zu lassen." Viele meiner Kunden sehnen sich nach der Möglichkeit zu reisen, was ich ebenso wie meine Familie und mein Zuhause sehr schätze.

Er ermahnt die Menschen, ihren Leidenschaften statt ihrem Geldbeutel zu folgen. Kürzlich hatte ich ein Gespräch mit einem Kunden, dessen Lebensziel es war, ein Motorrad zu kaufen und damit Italien zu bereisen. Ich zeigte ihr, dass sie es sich nicht nur jetzt leisten konnte, sondern auch, dass ihr Einkommen gestiegen wäre, wenn sie in ein oder zwei Jahren zurückgekommen wäre. Sie fand das kaum zu glauben, aber es zeigt, wie wichtig es ist, sich weiterzubilden oder jemanden zu finden, der es kann. Sonst wüssten Sie nicht, was Ihnen entgehen könnte.

Nick Gardner

Goldene Vorschriften

1. Aktivität ist die Lösung, wenn Angst das Problem ist.
2. Vertrauen Sie auf sich selbst, denn Sie besitzen die Fähigkeit, Ihr eigenes Schicksal zu ändern.

3. Nutzen Sie Ihre Stärken, indem Sie Ihre Schwächen eingestehen und sie einer fähigeren Person zuweisen.

4. Konzentrieren Sie sich weiterhin auf Ihr Hauptgeschäft und stellen Sie sicher, dass Sie Ihre Versprechen einhalten.

5. Kunden sind nicht auf uns angewiesen. Sie sind auf uns angewiesen.

6. Planen Sie Ihre Ausgaben im Voraus, um nicht von unerwarteten Zahlungen überrascht zu werden, die Sie in den Bankrott treiben könnten

Kapitel 5: Die Stärke der Blüten

Jonathan Barouch Fastflowers.com; gegründet 1999; beschäftigt 35 Mitarbeiter; Jahresumsatz von etwa 5 Millionen US-Dollar

Für Jonathan Barouch, den CEO von Australiens führendem Online-Floristen, ist das Leben wirklich ein Zuckerschlecken.

Im Gegensatz zu den meisten jungen Unternehmern hatte er nie Schwierigkeiten, Geld für sein Unternehmen zu bekommen. Umgekehrt befindet er sich in der glücklichen Lage, ständig große Geldbeträge abzulehnen. Er behauptet: „Ich bekomme ständig Angebote von großen Floristen und Private-Equity-Firmen für Fastflowers.com." „Sie haben mir millionenschwere Angebote gemacht, das Unternehmen zu übernehmen oder mich daran zu beteiligen, aber bisher habe ich kein Angebot erhalten, das ich nicht ablehnen könnte."

Tatsächlich hat Barouch die meiste Zeit seines jungen Lebens enorme Geldsummen abgelehnt. Als Achtzehnjähriger hatte er das Unternehmen kaum gegründet, als aufgrund der Internetexplosion bereits Geschäfte vor seiner Schlafzimmertür Schlange standen. Er behauptet, sie hätten ihm ein Angebot über „viele, viele Millionen Dollar" gemacht. Blödsinniges Geld – viel mehr wert, als das Unternehmen jemals haben könnte! Allerdings war ich unsicher, wie ich damit umgehen sollte. Außerdem hatte ich kein Interesse daran, das Unternehmen mit einem knappen Budget von zu Hause aus zu betreiben.

„Ich habe einen Sack voller Claratyne in meinen Schubladen!" war ein ungewöhnlicher Schritt für einen Achtzehnjährigen, besonders für jemanden, der Heuschnupfen hat und die Nähe von Blumen nicht ertragen kann. Barouch argumentierte jedoch, dass er nichts hatte zu verlieren. Da ich keine Schulden hatte, als ich das Unternehmen gründete, war das Schlimmste, was passieren konnte, dass es scheiterte und ich einen anderen Weg finden musste, meinen Lebensunterhalt zu bestreiten. Bedeutend. Die Mehrheit der Geschäftsleute macht sich Sorgen um ihre Familien und Hypotheken. I hatte viel Glück.

In der Familie Barouch herrscht ein ausgeprägter Unternehmergeist. Jonathans Großvater, einer der ersten bedeutenden Möbelhersteller Australiens, belieferte Marken wie Harvey Norman, David Jones und Grace Brothers mit seinen Waren. Darüber hinaus besaß sein Vater als Apotheker mehrere Geschäfte. Sie alle vermittelten ihm ein starkes Bewusstsein für den Wert finanzieller Unabhängigkeit, ebenso wie seine Mutter, eine freiberufliche Journalistin.

Aus dem peinlichen Vorfall im Blumenladen entstand das Konzept für Fast Flowers. Es tat mir wirklich weh, meiner Freundin Blumen schenken zu wollen. Ich hatte keine Ahnung, was ich kaufen sollte oder wie viel Geld angemessen war. Ich war völlig lächerlich. Es muss einen besseren Weg geben, dachte ich.

Als er im vergleichsweise neuen Internet suchte, gab es nicht viel Konkurrenz. Es gibt Websites in den USA und in Europa, aber keine in Australien. Da sie bereits über den Vorrat verfügten, wandte ich mich an mehrere Floristen, um unsere Lieferungen abzuwickeln und dafür eine kleine Provision für die Weiterempfehlung zu erhalten. Die ersten haben es nicht verstanden und haben mich sofort abgewiesen. Aber jemand gab nach fünf oder sechs Ablehnungen nach.

Nachdem er mit Gelegenheitsjobs und Geburtstagsgeschenken Geld zusammengekratzt hatte, sparte er mit vierzehn Jahren etwas Geld durch den Verkauf von Lutschern auf dem Schulhof. „Ich habe damit ein kleines Vermögen verdient, bis der Schulleiter intervenierte", sagte er. Mit diesem Geld beauftragte er eine Firma mit der Erstellung einer Website, und das Geschäft nahm Fahrt auf. Der kleine Vorbehalt bestand darin, dass Barouch weiterhin zur Schule ging. „Ich bin aus dem Unterricht gerannt und habe so getan, als würde ich die Toilette benutzen, aber in Wirklichkeit würde ich Besprechungen organisieren oder Bestellungen von Kunden entgegennehmen."

Der Teenager bekam ziemlich schnell eine sehr reife Pause. Paul Clitheroe, ein Wirtschaftsjournalist und ehemaliger Kolumnist des Sunday Telegraph, der auch Fernsehmoderator der Money Show war, bemerkte einen Artikel über ihn in der Zeitung. Er rief an, als ich auf einem Schwimmkarneval in der Schule war. Ich glaubte zunächst nicht, dass er es war, weil er wirklich bekannt war. Ich antwortete: „Sicher, sicher", als wäre es ein Scherz, aber als er mich überredete, kam ich mir ein wenig albern vor.

Barouch wurde vom Team der Show gefilmt, während er arbeitete, zur Schule ging, Geschäfte auf seinem Handy erledigte und dann zu Hause weitere Bestellungen entgegennahm. Obwohl es sich um ein Neuheitensegment handelte, fand Fastflowers es effektiv. Nach Ende der Show verzeichnete die sechs Monate alte Website in weniger als dreißig Minuten 300.000 Zugriffe.

Die größten Firmen Australiens wünschten sich plötzlich eine Beteiligung am neuen Blumenmagnaten. Im Rahmen ihres Kreditkarten-Prämienprogramms hat die Westpac Bank Barouch zum bevorzugten Floristen ernannt und verschafft Fastflowers so Zugang zu mehr als zwei Millionen Karteninhabern. Anschließend fügte Telstra BigPond Fastflowers als Partnerfloristen hinzu. Dadurch konnten wir zusätzlich zwei Millionen Internetnutzer erreichen. Wir wurden plötzlich als Marke bekannt.

Barouch erkannte, dass er zu diesem Zeitpunkt seine erste Million verdient hatte. Darüber hinaus war er zuversichtlich, dass die Organisation langfristig Bestand haben wird. Es war eine erstaunliche Sensation.

Mit einem Jahresumsatz von mehreren Millionen Dollar ist Fastflowers der einzige Online-Florist mit physischen Standorten in Sydney, Melbourne und Brisbane sowie einem 24-Stunden-Callcenter und einem Lager. Bemerkenswert ist, dass Barouch bereits während seiner Schulzeit von dieser Verbesserung profitierte.

Er erwarb einen Bachelor-Abschluss in Handelswissenschaften, anschließend einen Master-Abschluss in Politikwissenschaft und einen Abschluss in Wirtschaftswissenschaften mit Auszeichnung. Wenn meine Freunde in die Kneipe gingen und Billard spielten, lernte ich abends oder am Wochenende. Anschließend kehrte ich zur Arbeit zurück und blieb bis Mitternacht im Büro. Ich habe vielleicht sechs oder sieben Jahre damit verbracht. Ich habe mein Studium vor etwa anderthalb Monaten abgeschlossen.

Es sollte nicht überraschen, dass Barouch cool blieb, als er die Millionen-Dollar-Marke erreichte, und sagte: „Ich habe mich nur darauf konzentriert, das Geschäft voranzutreiben – ich habe eine weitere Marketingkampagne geplant." Das Bargeld ist ganz ausgezeichnet. Ich bin jetzt finanziell unabhängig und kann es mir leisten, einen BMW zu fahren und eine Wohnung in Sydney zu kaufen, was absurd kostspielig ist. Aber auch andere Dinge machen mir Freude. Was mich wirklich glücklich macht, ist, wenn ich an einem meiner Geschäfte vorbeifahre oder einen meiner Radiowerbespots höre. Als ob ich etwas Dauerhaftes konstruiert hätte.

Heutzutage verkehrt Barouch in exklusiven Kreisen und liefert Blumen für einige der prestigeträchtigsten Anlässe Australiens. Da bei der Zusammenarbeit mit großen Unternehmen wie Ford und Privatpersonen wie Al Gore Diskretion unerlässlich ist, hält er für seine Mitarbeiter strikte Datenschutzbestimmungen ein. Berühmte Persönlichkeiten haben angerufen und Blumen für ihre Geliebten bestellt. Allerdings wurden Blumengeschäfte auf der ganzen Welt wegen der Offenlegung solcher Details mit rechtlichen Schritten konfrontiert.

Barouch hat kürzlich den Bund fürs Leben geschlossen und seiner Verlobten Amy dank seines Erfolgs die ideale Hochzeit beschert. Er buchte das Rathaus von Sydney und ließ überall 10.000 Tulpen und über 10.000 Rosen platzieren. Der Aufbau der Displays dauerte drei Tage, einschließlich fünfzehn Floristen. Er blieb jedoch den ganzen

Tag über auf Claratyne konzentriert, so dass keine Tränen vergossen wurden.

Nick Gardner

Goldene Vorschriften

1. Gehen Sie nicht über Ihr Budget hinaus. Halten Sie ein strenges Budget ein.
2. Nehmen Sie die Zweifler nicht ernst. Wenn Sie eine Idee haben, vertrauen Sie sich selbst und haben Sie das Selbstvertrauen, sie umzusetzen.
3. Bauen Sie ein riesiges Netzwerk auf. Sie wissen nie, wann Sie ein Gespräch beginnen, das zu einem explosiven Wachstum Ihres Unternehmens führen wird.
4. Es ist keine schlechte Idee, Leute einzustellen, die mindestens so intelligent sind wie Sie.
5. Investieren Sie in das Unternehmen, anstatt Geld für einen Porsche zu verschwenden, wenn die Mittel zur Aufrechterhaltung des Unternehmensbetriebs erforderlich sind.

Kapitel 6: Das perfekte Geschäftsmodell

ModelCo Shelley Barrett wurde 2002 gegründet; 43 Arbeiter, darunter Einzelhandelsmitarbeiter von David Jones; Jahresumsatz von etwa 15 Millionen US-Dollar

Es erfordert Mühe, einen Markenkult mit Fans wie Cameron Diaz, Mischa Barton, Keira Knightley und Victoria Beckham zu schaffen. Noch schwieriger ist es, solche Leute umsonst auf dich aufmerksam zu machen. Doch in nur sieben Jahren hat Shelley Barretts Kosmetikmarke ModelCo genau das erreicht.

Das Unternehmen vertreibt seine 125 Artikel in 1.000 Kaufhäusern weltweit und seine Expansion wurde durch die Finanzkrise nicht im Geringsten behindert. Zu den Geschäften gehören die überaus elegante Pariser Boutique Colette, die Londoner Beauty-Destination Space NK und der amerikanische Dessous-Riese Victoria's Secret. ModelCo hat eine exklusive Concept-Store-Partnerschaft mit David Jones in Australien, dem Land, in dem alles begann.

Als Victoria Beckham 2008 in Los Angeles fotografiert wurde und ihr Gesicht mit einer Augenbrauendose von MödelCo überprüfte, die zu ihrem rosa Kleid passte, erhielt die damals 36-jährige Barrett die größte Anerkennung. Barrett war begeistert, als sie das Foto auf der ersten Seite einer Zeitung sah, als ihr Marketingleiter es ihr schenkte, auch weil sie und das Ex-Spice Girl beide Pink und Handtaschen lieben. „Bis das Bild veröffentlicht wurde, hatte ich keine Ahnung, dass sie unsere Produkte verwendet", erinnert sie sich. Wir waren unglaublich berührt. Sternenmacht hat enormen Einfluss.

Barrett hatte nur eine formelle Partnerschaft mit einer Berühmtheit, Elle Macpherson, die sie 2006 engagierte, um ihr Produkt „Erase Those Fine Lines" zu repräsentieren. Während der Produkteinführung des Supermodels, die in einem opulenten Rahmen stattfand, zeichneten sich ein paar leichte Falten in die Gesichtszüge der versammelten Beauty-Redakteure ein Sydney-Veranstaltung. Elle erklärte, dass sie „das Unternehmen und Shelley Barrett sehr interessant findet" und dass sie mit der Therapie zufrieden sei, da sie Frauen eine „nicht-invasive Wahl" gebe.

Im Alter von 21 Jahren gründete Barrett ihre eigene Modelagentur, um ihre berufliche Laufbahn zu starten. Zehn Jahre später waren 1200 Schauspieler und Models angemeldet. Barrett strahlt: „Meine Mutter hat meine Buchhaltung gemacht und sie hat immer noch unseren ersten Scheck über 120 Dollar."

Sie arbeitete mit Models, Friseuren und Visagisten für Modenschauen und Fotosessions zusammen. Sie hatte Mitgefühl mit den Mädchen, die beim Wimpernkräuseln eine Grimasse zogen, und beklagte sich darüber, dass es keine bessere Technik gäbe, um schöne Wimpern zu bekommen. Barrett entdeckte 2002 einen solchen: einen beheizten Wimpernzange, der wie ein Lockenstab funktionierte und sanft das gewünschte Aussehen erzeugte. Die Herausforderung bestand darin, einen Hersteller zu finden.

Zufälligerweise gründete ihr Ehemann Damien zur gleichen Zeit eine Importfirma. Er half Barrett dabei, ein koreanisches Unternehmen zu finden, das in der Lage war, den Zauberstab herzustellen und ihn nach Australien zurückzusenden. Barrett liebte die Farbe Rosa, deshalb verpackten sie es in dieser Farbe und nannten es „ModelCo Lash Wand Heated Eyelash Curler". Ihr zufolge „wurde es das am schnellsten verkaufte Produkt in Myer." Das Paar produzierte weiterhin den Bestseller, schockiert und erfreut über die Nachfrage. Nachdem ModelCo das Modelgeschäft überholt hatte, bestand Barretts einziges Ziel darin, innerhalb von zwei Jahren Millionen zu verdienen.

Japan war der richtige Ort, wenn sie eine Bestätigung für ihren Erfolg wollte. Innerhalb von zwei Monaten nach der Gründung des Unternehmens erreichte der Umsatz eine Million US-Dollar. Sie gibt zu: „Als ich anfing, hatte ich keine globalen Ambitionen." Es war in erster Linie ein Nebenprojekt. Wir expandierten so schnell, dass wir alles verkaufen mussten, was wir hatten, und das Geld floss in Strömen. Aber danach ging es nur noch darum, zu wissen, wie man es nutzt. Wir haben keine großen Fehler gemacht, aber wenn wir über stärkere Methoden verfügt hätten, hätten wir die Aufgaben etwas schneller, intelligenter und effektiver erledigen können.

Barrett zeichnete sich in einem überfüllten Markt durch die Entwicklung einer Reihe hochmoderner „Schnellreparatur"- und Mehrzweckartikel aus, von denen viele in ihrem Markenzeichen, leuchtendem Pink, gefärbt waren.

Das Bräunen (oder Bräunen in der Dose) war zunächst eher ein Hobby. Nach uns expandierte Liplights so schnell, dass es als Ausbesserungsleuchte für die Rückseite eines Taxis oder im Schatten eines Nachtclubs verkauft wurde.

Auch die Quote ist nicht gesunken. Darüber hinaus stellte Barrett Fibrelash vor, ein bahnbrechendes Wimpernprodukt. „Es kostet nur 48 US-Dollar und man malt im wahrsten Sinne des Wortes auf falsche Wimpern", behauptet sie. Make-up ist meiner Meinung nach rezessionssicher. Damen tragen immer Mascara, Lipgloss, Foundation und Lippenstift. Darüber hinaus wünschen sich Frauen etwas, das sie aufmuntert, wenn sie schreckliche Nachrichten lesen. Es kommt darauf an, wie Sie sich fühlen. Aus diesem Grund sind wir während der Rezession gewachsen und haben unser Marketing- und PR-Budget erhöht. Und es war erfolgreich.

Barretts Marketingstrategie ist durch die Krise einfallsreicher geworden. Wir müssen sicherstellen, dass es wertorientierte Werbeaktionen gibt, die mehr Kunden anlocken, wie zum Beispiel fantastische Angebote für Geschenke beim Kauf.

Wir führen derzeit eine Kampagne durch, bei der Kunden von David Jones, die 48 US-Dollar für unsere Waren ausgeben, eine kostenlose Wimperntusche in Originalgröße im Wert von 28 US-Dollar erhalten. Das wird immer einen Reiz haben.

Barrett behauptet, dass sie, um auf einen unerwarteten Nachfragerückgang vorbereitet zu sein, ihre Ausgaben sorgfältig geprüft und wo immer möglich Kürzungen vorgenommen hat. Ich habe mir die Ausgaben für Fracht, Reisen und Verwaltung angesehen. Dennoch haben sich weder unser Marketing noch die Anzahl der Mitarbeiter verändert. Letztlich kommt es darauf an, in jeder dieser Kategorien um bessere Konditionen und kleinere Mengen zu feilschen. Da wir jedoch wachsen, verbringe ich den Großteil meiner Zeit damit, die Expansion zu kontrollieren.

Barrett, Mutter von zwei kleinen Töchtern, weiß, wie wichtig eine schnelle Abhilfe ist. Die kleinere Größe, die erhöhte Agilität und der unerschütterliche Fokus ihres Unternehmens auf Innovation haben es ihr ermöglicht, sowohl die Nachfrage zu befriedigen als auch schneller als andere Schönheitsunternehmen auf Trends zu reagieren. „Seit den Lash Wands ist das Geschäft organisch gewachsen und viel Geld fließt zurück in Forschung und Entwicklung", sagte der Sprecher. Ich genieße die Herausforderung, mich mit dem Rest der Welt zu messen. Es zahlt sich aus, proaktiv zu sein und Chancen zu nutzen. Der internationale Wettbewerb macht mir keine Angst und ich bin froh, dass ModelCo anderswo ernst genommen wird.

Barrett wurde nicht nur von Telstra zur Geschäftsfrau des Jahres in New South Wales gewählt, sondern erhielt 2004 auch den American Express Award für Australiens am schnellsten wachsendes Kleinunternehmen. Es war ein großer Sieg für uns, als die Foundation von ModelCo vor den Produkten von Dior und MAC zur „Foundation des Jahres" gewählt wurde. Ihre Mutter und ihr Ehemann sind immer noch in ihrem Team. „Ich setze mir große Ziele und finde das beste Team, um diese zu erreichen."

Vor kurzem hat ModelCo ein bescheidenes Büro in New York eröffnet; Das Unternehmen rechnet mit einem Umsatz von 12–

Mit einem Umsatz von 15 Millionen US-Dollar will Barrett durch die Präsenz im Home Shopping Network, wo der Stundenumsatz durchschnittlich 500.000 US-Dollar beträgt, weiter in den US-Markt vordringen. In den Beauty-Bars von Victoria's Secret im Geschäft gibt es bereits ihre Airbrush-Bräunungslinie, die sie mit wenig Hilfe von ihr dorthin gebracht hat: „Victoria's Secret hat uns kontaktiert, nachdem einer unserer Käufer gesehen hat, dass unsere Produkte in Zeitschriften erwähnt wurden." Wir hatten die Auszeichnung „Newcomer des Jahres" gewonnen und wurden zur Marke gekürt, die man im Auge behalten sollte. Wir haben das Glück, dass wir nie an die Türen anderer klopfen mussten.

Alle sechs Wochen unternimmt Barrett Reisen nach London, Paris und New York, wo sie gelegentlich die Möglichkeit hat, für sich selbst und nicht für das Geschäft einzukaufen. Sie erklärt: „Ich liebe Schuhe und Taschen." Und ich liebe Kurzurlaube. Während der fünf Tage, die wir mit den Mädchen auf Hayman Island verbrachten, hatte ich genug Zeit, mich zu erholen. Darüber hinaus erhalte ich Massagen in hoteleigenen Day Spas. Als Chef eines Kosmetikunternehmens habe ich ein Image, das ich vermitteln möchte, deshalb muss ich mich gut präsentieren.

Kerrie Davies

Goldene Vorschriften

1. Verstehen Sie Ihre Branche.
2. Stellen Sie hervorragende Mitarbeiter ein und nutzen Sie deren Stärken.
3. Stellen Sie sicher, dass Ihre Geschäftsstrategie die Entwicklung neuer Produkte, Vertriebsstrategien und Einzelhandelspläne umfasst.
4. Bauen Sie aus kleinen Anfängen.
5. Es gibt immer einen Weg, also finde immer einen.

Kapitel 7: Jagd auf riesige Bickies

Mrs. Fields und Andrew Benefield; gegründet 1988; 265 Mitarbeiter 9,8 Millionen US-Dollar Umsatz

Andrew Benefield war sich des Schicksals nicht bewusst, das ihn erwartete, und bewarb die Keksmarke Mrs. Fields aktiv bei der breiten Öffentlichkeit, lange bevor er deren Eigentümer wurde.

1988 war er junger Marketingleiter in einem geschäftigen Hotel in Sydney und erkannte bald, dass ein köstliches Geschenk einen Kunden überzeugen konnte. Die gerade angekommene Kiwi lockte Reisebüros oft mit einer Ladung Muffins von Mrs. Fields an, die in einem kleinen Laden in Wynyard Station verkauft wurden. Zwanzig Jahre später treibt er die Marke immer noch voran, allerdings in einer formelleren Position, nachdem Benefield im Oktober 2006 das Master-Franchise von Mrs. Fields gekauft hat.

Im Gegensatz zu seiner früheren Erfahrung im Einzelhandel, zu der die Leitung von 700 Caltex-Einzelhandelsstandorten und der Besitz mehrerer Franchises gehörten, war er sich bewusst, dass ihn dieses Unterfangen entweder zum Erfolg führen oder ruinieren würde. Während die Kekse von Mrs. Fields in den USA bekannt waren, war es alarmierend zu erfahren, dass das Unternehmen in Australien praktisch unbekannt war. Das Unternehmen wurde 1977 in Kalifornien gegründet, nachdem eine Freundin Debbie Fields, eine begeisterte Keksköchin, dazu drängte, ihr Talent mit der Welt zu teilen. Ihr Mann habe ihr angeblich gesagt: „Du bist verrückt, das wird nie klappen", weshalb sie in dieser Hinsicht keinerlei Unterstützung von ihm bekommen habe. Allerdings verkaufte Mrs. Fields das Unternehmen Anfang der 1990er Jahre nach einem schwierigen Weg durch die Einzelhandelsbranche schließlich für satte 330 Millionen US-Dollar an eine US-amerikanische Private-Equity-Firma. Ihr Mann war mit ihr nicht einverstanden und so ließen sie sich scheiden.

Benefield ist bestrebt, die gleiche Geschichte zu verfolgen, allerdings mit einem entscheidenden Unterschied: Der Unternehmer wird nicht nur von seiner Frau Debbie voll unterstützt, sondern profitiert auch von ihrem eigenen Erfolg im Einzelhandel. Als wir heirateten, sagte mir meine Frau, dass es dumm sei, 1.500 Dollar in ein Hochzeitskleid zu investieren. Ich schätze, ich war schon immer ein Telegraph, aber sie fing an, sie aus unserem Wohnzimmer heraus zu verkaufen, und erzählte Sydney's Sunday, dass sie „verstanden habe, dass man kein Zimmer haben könne". Sofern Sie es nicht alleine machen, haben wir daraus zwei Hochzeitssuiten gebaut, mit denen Sie tatsächlich viel Geld verdienen können. Zum Abschluss beliefen sich die Geschäfte auf mehr als 500.000 US-Dollar. Geld ist einfach eine Vorstellung. mit Sicherheit unterstützt. Das meiste wurde von ihr erledigt, da ich alle Arbeiten im Hinterzimmer erledigte.

Darüber hinaus hatten wir Häuser und Besitztümer angehäuft, und mein bisheriges Gehalt hatte mir beträchtliche Ersparnisse beschert. Ich nehme an, als wir unser gesamtes Geld für den Kauf von Mrs. Fields aufwenden mussten, wurde uns endlich klar, wie es ist, Millionär zu werden.

Benefield bemerkt: „Ich glaube, ich habe immer verstanden, dass man nicht wirklich viel Geld verdienen kann, wenn man nicht auf eigene Faust ausgeht", aber es musste getan werden. Geld ist letztlich nur ein Konzept, das von Selbstvertrauen getragen wird, und er strahlt seit jeher Selbstvertrauen und Selbstsicherheit sowie die Bereitschaft aus, kalkulierte Risiken einzugehen.

Aus einer Laune heraus zog Benefield 1988 von Neuseeland nach Sydney, in der Hoffnung, dort eine Anstellung zu finden. Über einen längeren Zeitraum schienen die Chancen deutlich düster zu sein. Bevor er einen Job bei einer Hotelkette bekam, fügt er hinzu: „Ich hätte fast mit meinen Eltern telefoniert und gesagt: ‚Bring mich nach Hause'", und hatte praktisch kein Geld mehr. Für den 22-Jährigen war es erst der Anfang einer Welt voller Chancen und Möglichkeiten. Benefield stieg in den Reihen mehrerer Hotelketten auf, arbeitete fünf Jahre lang für KFC und leitete die Einzelhandelsabteilung des Tankstellennetzes von Caltex. Aber es war unzureichend. Am Ende wollte ich meine Fähigkeiten wirklich nutzen, um etwas für mich selbst zu tun. „Neben der Tatsache, dass ich bis zu diesem Zeitpunkt finanziell erfolgreich war, begann ich, nach einem Unternehmen zu suchen, das zu mir passte", erinnert er sich. Eigentlich musste ich drei Dinge abhaken. In erster Linie musste es eine starke Marke sein, was Mrs. Fields schon immer war; Meiner Meinung nach wurde es zu wenig vermarktet und zu wenig beworben. Zweitens musste ein reichliches Warenangebot vorhanden sein. Und drittens musste es einen gesunden Cashflow haben." Nachdem er 2,2 Millionen US-Dollar für die Übernahme des Unternehmens ausgegeben hatte, bereitete er sich darauf vor, es im ganzen Land auszubauen, indem er sein Wissen über Franchising nutzte und sich von den Möglichkeiten inspirieren ließ.

Benefield ist zuversichtlich, aber er ist sich der schwierigen Reise bewusst, die vor ihm liegt, während er bestrebt ist, den Australiern eine praktisch unbekannte Marke einzuprägen. Bis Ende 2011 hofft er, fünfzig Filialen zu haben, von den siebzehn, die er bereits hat, drei davon in Sydney. Aufgrund des begrenzten Marketingbudgets muss er ein erfahrener Schachspieler sein: „Wir müssen taktisch vorgehen und viele Stichproben und Tests zur Sensibilisierung der Verbraucher durchführen", sagt er.

Die Wirtschaftskrise hat sich nicht allzu negativ auf sein Unternehmen ausgewirkt. „Selbst in schwierigen Zeiten können sich die Menschen einen Kaffee und einen Keks von unserem Leckerbissen gönnen, das für 5 US-Dollar erhältlich ist", erklärt er. „Wir sind kein Luxuskauf wie ein BMW."

Letztlich hat Mrs. Fields tatsächlich von der Rezession profitiert: „Unser Geschäft ist 2008/09 umsatzmäßig um 11 % gewachsen", fügt Benefield hinzu. Da wir unsere Zutaten aus den USA importieren, sind wir von Währungsschwankungen betroffen. Eines der Dinge, die wir derzeit in Betracht ziehen, ist die Lokalisierung unserer Zutatenproduktion. Sie sind sich jetzt einig, dass wir unsere Waren aus Australien beziehen können, was sehr vorteilhaft sein wird.

Im Jahr 2009 wird Benefield sieben weitere Franchise-Unternehmen gründen, auch dank der zunehmenden Zahl von Mitarbeitern, die ihr Leben selbst in die Hand nehmen wollen. Menschen möchten ein eigenes Unternehmen gründen, weil sie glauben, dass eine langfristige Beschäftigungssicherung nicht mehr möglich ist. Im Vergleich zu 2007 haben wir 2008 dreimal so viele Bewerbungen erhalten.

Um die Kosten zu verteilen und den Kunden mehr Optionen zu bieten, prüft Benefield nach eigenen Angaben neue Kooperationen. Ein solcher Vorschlag besteht darin, mehreren Unternehmen den Besuch des Mrs. Fields-Standorts zu ermöglichen. Er beschreibt das Ziel als „Maximierung der Rendite aus der Immobilie". Auch wenn die Dinge gut laufen, dürfen wir nicht selbstgefällig werden.

Benefield ist kein typischer Selfmade-Millionär. Er hat vielleicht nicht die gleiche Leidenschaft für schnelle Autos, wie man vielleicht denkt. Dieser Geschäftsmann hätte gerne eine freie Garage und würde seine üppigen Ausgaben dem Motorsport widmen. Ich fahre gerne Rallye-Autos zum Vergnügen. Ich hatte das Vergnügen, Navigationsdienste für eine Reihe von Staatsmeistern sowie einen ehemaligen australischen Formel-2-Meister bereitzustellen.

„Franchisegeber zu sein und sich zurechtzufinden, ist sehr ähnlich", behauptet Benefield. Es erfordert eine effiziente Kommunikation, einschließlich der Wegbeschreibung zum Ziel des Fahrers und einer sicheren Route dorthin. Wenn dann etwas schief geht, drehen sie sich um und geben Ihnen die Schuld! Benefields Leidenschaft für Rallye-Autos befriedigt nicht nur seinen Appetit auf Gefahren, sondern spiegelt auch einige seiner Geschäftsgrundsätze wider: „Viel Spaß unterwegs", sagt er. "Habe Vertrauen in dich selbst."

Er genießt es, diese Ideen zu predigen, besonders seinen Kindern, die offenbar die Leidenschaft ihres Vaters für das Leben und seine Faszination für das, was er als „die alte Kunst des finanziellen Erfolgs" bezeichnet, geerbt haben. Benefield sagt: „Speichern." Obwohl ich mich selbst nicht für einen großen Sparer halte, konnte ich genug Geld sparen, um dies zu erreichen. Meine Kinder stecken jetzt die Hälfte ihres Taschengeldes in ihre Ersparnisse, wann immer sie es bekommen. Viele von uns haben die Gewohnheit verloren.

Andrew CarSwell

Goldene Vorschriften

1. Sparen Sie Ihr Geld.
2. Genießen Sie die Reise. Haben Sie unterwegs Spaß und versuchen Sie, nicht zu vorsichtig zu sein.
3. Vertrauen Sie sowohl Ihrer Forschung als auch sich selbst. Achten Sie niemals auf diejenigen, die versuchen, Ihnen Tricks und Abkürzungen zum Reichwerden zu verkaufen. Bleiben Sie Ihrer Expertise treu.
4. Ermutigen Sie Menschen in Ihrer Nähe. Ich habe festgestellt, dass sich die Zufriedenheit meiner Franchisenehmer auch auf deren Unternehmen auswirkt.
5. Besitzen Sie Selbstbewusstsein. Geld ist letztlich nur eine Vorstellung, die durch Vertrauen getragen wird.

Kapitel 8: Die unerschütterliche Verbindung

Peter Bond Linc Energy wurde 1996 gegründet und 2006 an der Börse notiert und beschäftigt 110 Mitarbeiter auf dem Markt. 1,68 Milliarden US-Dollar Kapitalisierung

Mit dem Verkauf verdiente Peter Bond seine erste Million Dollar. Dreck. Es handelte sich um unsaubere, verlassene Trümmer, von denen damals niemand glaubte, dass sie verkauft werden könnten. Bond hatte jedoch andere Pläne.

Als der Sohn eines LKW-Fahrers aus Camden im Westen Sydneys 1985 von einem einwöchigen Urlaub zurückkam, stellte er fest, dass sein Partner die gesamte Ausrüstung verkauft und das Frachtunternehmen geschlossen hatte. Bond brauchte schnell eine Idee, denn er hatte fünfzehntausend Dollar Schulden und war arbeitslos. Ihm war bewusst, dass der Vertrag zum Sammeln der beim Entladen am Balmain-Kohlelader verschütteten Kohle von seinem Ex-Partner stammte. Ihm war auch der Standort der Kohledeponie bekannt. Und er verfügte über alle notwendigen Werkzeuge, um aus diesem weggeworfenen Elend Profit zu schlagen: einen Rechen, einen klugen Verstand und eine Toleranz gegenüber hartem Yakka.

Bond hatte seine Chance. Derzeit ist er vor allem als Gründer und Haupteigentümer von Linc Energy bekannt, einem alternativen Energieunternehmen mit einem Umsatz von 1,65 Milliarden US-Dollar. Bond erinnert sich: „Damals sammelten sie Kohle von den Kohleladern ein und transportierten sie weg." Sie weigerten sich, es wieder an Bord des Schiffes zu laden, weil sie glaubten, es sei verunreinigt. Bond sagte zum Steinbruchmanager: „Mein ehemaliger Partner nahm es vom Balmain-Kohlelader und kippte es in einem Steinbruch in Kemps Creek ab." Selbstverständlich gab ihr die Geschäftsführung ihre Zustimmung.

Das verarmte Kind hatte plötzlich ein Produkt. Jetzt brauchte er nur noch einen Markt. „Ich habe angerufen, weil ich wusste, dass sowohl Ziegelwerke als auch Krankenhäuser Kohle verwenden", erklärt er. „Ich versuche, diesen Mann zum Kauf zu überreden, aber es ist offensichtlich, dass er sich bewusst ist, dass ich von dem Thema keine Ahnung habe." Bond hatte einen Vorteil, weil er einige Jahre als angehender Metallurge im Stahlwerk von BHP in Port Kembla gearbeitet hatte. Im Wesentlichen befahl er mir, mich zu verpissen und das Geschäft zu verstehen, bevor ich mich wieder bei ihm meldete. Er entdeckte, dass er 1000 Tonnen hatte, nachdem er den Dreck selbst zusammengeharkt hatte. Schließlich fand er einen Käufer und sagte: „Ich ging davon aus, dass ich mit etwa 17 Dollar pro Tonne davonkommen würde." Als ich den Scheck erhielt, glaubte ich, dass dies der Grund für die Gründung meines eigenen Unternehmens sei.

Dieses Geschäft ist einzigartig in der Neuzeit.

Bond beabsichtigt, aus dem Gas, das in den riesigen unterirdischen Kohleflözen von Queensland eingeschlossen ist, extrem saubere Diesel- und Flugtreibstoffe herzustellen. Mit einer persönlichen Beteiligung von etwas mehr als 50 % an Linc Energy, die auf über 1 Milliarde US-Dollar geschätzt wird, gehört er zu den erfolgreichsten Unternehmern im Bereich der neuen Energien und Ressourcen. Als dieses Buch in Druck ging, stand Bonds Demonstrationsanlage in Chinchilla kurz vor der Inbetriebnahme. Wenn es ihm gelingt, regelmäßig, sparsam und effizient Diesel zum Laufen zu bringen, könnte Bond der reichste Mensch Australiens werden.

Das Aufsammeln verschütteter Kohle ist nicht dasselbe wie die Umwandlung von unterirdischem Kohlegas in flüssige Brennstoffe. Allerdings muss der Protagonist jedes hervorragenden Romans die Not überwinden, um seinen Preis zu erhalten. Das Maritime Services Board gab in derselben Woche, in der Bond für die 1000 Tonnen, die er zusammengeschleppt hatte, bezahlt wurde, eine Ausschreibung für den Balmain-Kohleverladungsvertrag heraus. Bond gab ein Angebot ab und gewann, wobei er alle Konkurrenten besiegte, einschließlich seines ehemaligen Kollegen, der ihn gefeuert hatte. Obwohl es erst der Anfang war, lernte der junge Mann schon bald seine nächste Geschäftslektion.

Einige seiner Kunden kamen nicht umhin zu bemerken, dass ihr Kohletransporter offenbar von seinem Lastwagen aus lebte. „Wir lieben Ihre billige Kohle, aber können Sie sich ein eigenes Haus kaufen?" Sie fragten. „Ich erinnere mich", sagt er. „Ich habe mir eine Tasse Milch und ihren Frontlader geliehen." ....Es war billiges, gebrauchtes Zeug. „Können Sie sich einen eigenen Kohlenhof zulegen und tatsächlich ein Unternehmen gründen?" Sie sagten. Bonds Fähigkeit, im Verlassenen einen Wert zu erkennen, wurde einmal mehr unter Beweis gestellt.

Der erste Hof war ein verlassenes Gebiet in der Nähe von Glenleigh, einem Kohlebahnhof in der Nähe von Camden. Der Standort gehörte dem inzwischen geschlossenen Kohlekonzern Clutha. Nach einem Gespräch mit jemandem in Clutha erhielt Bond grünes Licht für den Einzug. Er behauptet: „Ich hatte keine Ahnung, dass das Land und die Kohle nicht wirklich ihnen gehörten; sie wurden gebeten, die Kohle zu entfernen, weil sie ein Feuer auslöste." Gefahr." Bond übernahm damit das Eigentum an den Kohleabfällen. „Dort habe ich früher den Lastwagen geparkt und die Kohle gesiebt, und dort habe ich mein Imperium aufgebaut." Diese karge Ecke, ähnlich dem Steinbruch von Kemps Creek, hatte eine dicke Schicht von Schlacke, die Peter Bond in eine ordentliche Summe Geld verwandeln konnte. „Sie hatten dort tatsächlich mehrere Tausend Tonnen hochwertiger Kohle entsorgt", erklärt Bond. „Ich habe 1985 mit einem Rake angefangen und bin 1989 Millionär geworden."

Es gab jedoch keinen Vorwand. Bond hielt den wichtigen Anlass wirklich geheim und sagte: „Ich habe meiner Frau nicht einmal gesagt, dass ich das Haus, das Auto und die Bank abbezahlt hatte."

Bond glaubte, dass der nächste logische Schritt beim Wachstum seines Unternehmens darin bestand, Kohle zu waschen, und die erste mobile Kohlewäsche in Australien war das ideale Werkzeug für diese Aufgabe. Vielleicht ist das der Grund dafür, dass es damals fast wieder kaputt gegangen wäre

einfach die Gewinnschwelle erreichen", fügt Bond hinzu. Er hatte Schulden, und es war Anfang der Neunzigerjahre, daher war es schwierig, die Gewinnschwelle zu erreichen. Mit dem Ausbruch der Kreditkrise gingen zweistellige Zinssätze einher. Bonds Wahrnehmung der australischen Banken wurde durch die Zeit und das Ereignis für immer getrübt. „Daher bin ich keiner Bank gegenüber loyal", erklärt er. Es mag ungewöhnlich klingen, aber General Electric war die einzige Ausnahme. Die einzigen Leute, die mich unterstützten, waren GE Money, die Bankabteilung des Unternehmens, weil ich ihnen Geld schuldete. Jedes Mal, wenn sie mir einen neuen Kredit gewährten, taten sie dies, ohne weitere 50.000 Dollar oder etwas Ähnliches wegzunehmen. So erwies sich die größte und rücksichtsloseste Bank der Welt als die größte.

Mit Hilfe der Amerikaner gelang es Bond, sich zu behaupten und mit seinen Kohlewaschanlagen Geld zu verdienen. Dann kam der große Durchbruch: eine Nachricht eines ehemaligen Kollegen bei BHP. Bond fügt hinzu: „Er hatte einen Artikel über meine mobilen Anlagen gesehen." „Sie haben mich angeheuert, um die Kohle in der Zeche Appin hinter Wollongong zu waschen." Ein Jahr später erzielte Bond mit seinem neuen Geschäftspartner einen Gewinn von mehreren Millionen Dollar pro Jahr.

Sie kauften einige Kohlebergwerke, von denen sie eines mit erheblichem Gewinn verkauften, nachdem sie es für etwa 3 Millionen US-Dollar gekauft hatten. Doch 2002 hatte Bond genug. Er reiste nach Fidschi und verkaufte alles, um sich an den Strand zu setzen. Sein Ziel war es, erleuchtet zu werden. Er trug einmal das safranfarbene Gewand eines buddhistischen Mönchs, weigerte sich jedoch, sich den

Kopf zu rasieren. Er schenkte Lehrern der Selbstverwirklichung wie Anthony Robbins Aufmerksamkeit. Auch Donald Trump widmete er seine Aufmerksamkeit. Zu Hause erhielt er den seltsamen Anruf. Die Leute erwarteten, dass er die Vermögenswerte zurückerhalten würde. Irgendwann brachte ihm jemand die Linc-Geschichte. Nachdem sie es mit seiner Frau besprochen hatte, ermutigte sie ihn, es weiterzuverfolgen.

In diesem Fall kann diese Geschichte zur Ruhe gebracht werden. Der Beitrag darüber, wie Peter Bond seine erste Milliarde verdiente, wird der bessere sein.

Peter GoSNell

Goldene Vorschriften

1. Bevor Sie beginnen, machen Sie sich Ihr Ziel bewusst und wissen, wie Erfolg aussieht.
2. Erkennen Sie die grundlegenden Maßnahmen, die zur Erreichung dieses Ziels erforderlich sind, und betrachten Sie jede einzelne davon als eine kleine Geschäftsstrategie.
3. Seien Sie in der Gesellschaft außergewöhnlicher Menschen.
4. Vertrauen Sie voll und ganz auf Ihre Fähigkeit, erfolgreich zu sein und sich selbst zu unterstützen.
5. Seien Sie begeistert von der Arbeit, die Sie leisten.
6. Machen Sie sich vor Beginn über Ihren Fluchtplan im Klaren.
7. Zeigen Sie Großzügigkeit. Geben Sie der Gemeinschaft etwas zurück und lassen Sie Geld auf dem Tisch.

Kapitel 9: Ein effektiver Start von Charming

Hülsbosch, Hans Hülsbosch; 1986 gegründet, mit 20 Mitarbeitern und einem Umsatz von 10 Millionen US-Dollar

Vor etwa fünfzig Jahren, in einer kleinen Gemeinde im ruhigen Süden der Niederlande, als Hans Hulsbosch gerade erst mit dem Zeichnen begann. Das Kind zeichnete ein kleines Känguru, obwohl es einen Erdball von Australien entfernt lebte und sein tief gelegenes Land nie verlassen hatte.

Bis heute zeichnet Hans weiterhin Kängurus. Allerdings größer – viel, viel größer. am Heck der Qantas-Jets.

Hulsbosch fühlte sich an seine erste Zeichnung erinnert, als er den Auftrag erhielt, das bekannte Emblem des fliegenden Kängurus für Qantas zu überarbeiten. Das neu gestaltete Qantas-Logo und die kürzlich neu eingeführte Woolworths-Identität sind die neuesten in einer langen Reihe beliebter Designs der fantasievollen Köpfe von Hulsbosch, der 1986 gegründeten Designfirma Hans.

Er hatte bereits an mehreren Projekten mit der Fluggesellschaft zusammengearbeitet, bevor er das Känguru von Qantas, eines der bekanntesten Markenzeichen der Welt, neu gestaltete. Tatsächlich war Qantas maßgeblich daran beteiligt, Hans in die umkämpfte Werbeszene Sydneys einzuführen.

Er zog mit seiner Frau nach Neuseeland, hatte aber schon als kleines Kind beschlossen, in Australien zu leben.

Hulsbosch wurde von der australischen Botschaft in den Niederlanden immer wieder abgelehnt, obwohl er ein renommierter Designer war (er hatte die Verpackung für Willem II entworfen, den damals größten Zigarrenproduzenten der Welt).

Sie haben wahrscheinlich gespottet, als ich ihnen erzählt habe, dass ich Designer bin. „Ich nehme an, Designer standen an letzter Stelle auf der Liste, als sie Klempner und Tischler brauchten", erinnert er sich. Die Jungvermählten mussten sich an die neuen Seeländer gewöhnen, bis ihnen schließlich die Erlaubnis erteilt wurde, sich in Australien niederzulassen, aber laut Hulsbosch war es „das Opfer wert". Sie hatten damals zwei Kinder. Sobald sie in Sydney ankamen, begannen sie ihr neues Leben. In nur zwei Tagen sicherte sich Hans eine begehrte Stelle bei der angesehenen Werbeagentur Clemenger, und die Hulsboschs zogen mit Unterstützung von David Jones in eine neu eingerichtete Wohnung in Mosman. „Ich habe gleich nach meiner Ankunft angefangen, an Türen zu klopfen", erinnert er sich.

Bei Clemenger hatte ich eine erstaunliche Erfahrung. Die viereinhalb Jahre, die ich dort verbracht habe, waren einfach unglaublich. Ich glaube, meine Lieblingswerbung war für Tia Maria. Dies war eine der ersten weltweiten Kampagnen für ein nicht-touristisches Produkt. Ich bin viel gereist, und wenn man durch Rom oder New York fuhr, wurde die Werbung auf einer Werbetafel angezeigt. Es war ein wunderbares Gefühl.

Der Lebensstil, die Bezahlung und die Auszeichnungen waren alle da, aber etwas fehlte noch: Design. Obwohl die große Werbeagentur Design nicht für so wichtig hielt, war Hulsbosch begeistert davon. Er beschloss, ein Risiko einzugehen, was er bereits gewohnt war.

Ich sagte dem Management, dass wir die Dinge nicht richtig machten. Sie haben bereits einige Designarbeiten in Europa durchgeführt, aber alles, was ich als Gegenleistung bekam, war: „Kumpel, da ist kein Geld drin." Was wir brauchen, ist eine Designabteilung innerhalb des Unternehmens. Fahren Sie mit der Erstellung einiger Anzeigen fort.

Ich beschloss, die sich bietende Chance zu nutzen. Und ich beschloss, auszuziehen und mein eigenes Unternehmen zu gründen.

Ein kleines Büro im Norden Sydneys sollte Hulsboschs ursprünglicher Wohnsitz werden. In dem vier Quadratmeter großen

Kasten befanden sich ein Fotokopierer, ein Faxgerät, ein Schreibtisch und ein Stuhl.

Ich konnte kein Telefon haben. Allerdings mit einem noch erstaunlicheren Anfang. Vor ein paar Jahren kamen Qantas und P&O mit fünf oder sechs Mitarbeitern nach Hulsbosch.

Insbesondere zwei seiner größten Kunden hätten davon träumen können: Qantas und die große Kreuzfahrtlinie P&O.

Er bemerkt: „Ich hätte keinen fantastischeren Start haben können." „Innerhalb von anderthalb Jahren verdiente ich meine erste Million, als Qantas und P&O das Gebäude betraten."

Seine neuesten Entwürfe für Woolworths und Qantas sowie für Taronga Zoo, Nylex, Foxtel und Oatley Wines sind in Hulsboschs opulentem Mosman-Büro ausgestellt.

Laut Hulsbosch ist es wichtig, innovativ zu bleiben und Designs beizubehalten, um wirtschaftliche Abschwünge zu überstehen.

Ein siegreicher Tag für Fancy 65 fällt zu Boden. Unternehmen müssen auf dem Laufenden bleiben, fährt er fort, um bereit zu sein, die Führung zu übernehmen, sobald die Erholung in Gang kommt. Es wird schwierig, weil es nicht mehr so viele Unternehmen geben wird und alle in diesem Fall um Kunden wetteifern werden. Daher müssen Sie sicherstellen, dass Sie die richtigen Signale aussenden. Hulsbosch hat seine Gebühren gesenkt, um das Geschäft aufrechtzuerhalten. „Einigen unserer Kunden geht es nicht gut, deshalb geht es darum, ihnen zu helfen, aus der aktuellen Situation herauszukommen, daher mussten wir viel flexibler werden."

Er weist darauf hin, dass es beim Rebranding um mehr geht als nur um Logos. Es geht um den Gesamtruf des Unternehmens. McDonald's wird von Hulsbosch als Beispiel verwendet. Jetzt kann ein Dollar-Dinner gekauft werden, und die Ladengestaltung wird auf dem neuesten Stand gehalten. Sie reagieren auf die Wirtschaftslage, weil sie sie wirklich verstehen.

Laut Hulsbosch zeigen das „frische, einladende" grüne Logo und die Umgestaltung des Ladens von Woolworths bereits positive Auswirkungen. „Es ist immer eine gute Idee, Kunden durch eine optisch ansprechende Frischwarenabteilung anzulocken." Es schaffe die Stimmung für die Begegnung und verleihe dem gesamten Laden eine „neue" Atmosphäre, behauptet er.

Der Cashflow ist heutzutage in Hulsbosch das A und O. Hans expandiert und stellt ein, obwohl er mehr denn je auf Incomings und Outgoings achtet: „Die Rezession ist eine gute Zeit, um nach neuem Personal zu suchen, denn wenn die Wirtschaft boomt, findet man einfach niemanden."

Er behauptet, dass seine Kunden unglaublich treu sind. Denken Sie an seine jüngste Reiseerfahrung mit Qantas.

Ich wurde in das Büro von [CEO] Geoff Dixon gerufen. „Sie haben das Geschäft ab heute", sagt er, während er dort steht. Untersuchen Sie die Identifikation, um sicherzustellen, dass sie noch gültig ist. Machen Sie weiter und beheben Sie das Problem, wenn Sie der Meinung sind, dass es geändert werden muss. Vermeiden Sie jedoch eine Rücksendung mit dem falschen Artikel.

Aufgrund seiner Erfolgsbilanz war es unwahrscheinlich, dass Hulsbosch einen Fehler machte, selbst wenn er es versuchte.

Andrew CarSwell

Goldene Vorschriften

1. Ohne intelligente und engagierte Mitarbeiter passiert nichts.
2. Jeden Tag ändern sich die Ziele und Sie müssen anpassungsfähig sein.
3. Unterschätzen Sie niemals die Bedeutung der Treue.
4. Geben Sie Ihre Methoden niemals der Opposition preis.
5. Überlegen Sie, wie Sie Ihre Marke jederzeit von der Konkurrenz abheben können.

Kapitel 10: Der Tag, an dem sich das Leben eines Menschen verändert

Margot Cairnes Zaffyre International wurde 1986 gegründet und beschäftigt dreißig Mitarbeiter mit einem Umsatz von über 10 Millionen US-Dollar.

Margot Cairnes saß an einem Kiosk an einem Strand im Norden Sydneys, als sie noch nicht ahnte, dass ihr Leben eine drastische Wendung nehmen würde. Im Jahr 1985 ertrank sie in Schulden, war arbeitslos, zog ihre beiden Kinder alleine groß und kümmerte sich um ihren sterbenden Vater.

Da sie dringend eine Pause brauchte, beschloss sie, einen „reichen Tag" mit ihren Kindern zu verbringen. Laut Cairnes waren wir ziemlich verarmt. Nach einer Probefahrt in einem Jaguar fuhren wir jedoch weiter nach Double Bay, um teure, aber wunderschöne Kleidung anzuprobieren. Danach bekamen die Kinder Gläser rosa Limonade und ich trank ein Glas Champagner am Manly Shelly Beach-Kiosk. Eines Tages werden wir reich sein, sagte ich den Kindern.

Meine zehnjährige Tochter sagte: „Mama, wir sind schon reich", als sie sich zu mir umdrehte. Wir haben einander. „Ich konnte nichts sagen. Ich kam mir vor, als wäre ich fünf Zentimeter groß." Cairnes traf die Entscheidung, das Beste aus ihren Umständen zu machen und ihr Bestes zu geben, wann immer sie konnte. Ihr Vater starb nicht lange danach. Es war Zeit, Arbeit zu suchen.

Jahre zuvor, mit Anfang Zwanzig, zog die ausgebildete Pädagogin von Sydney nach Darwin und übernahm die höchste Position in einer Kinderbetreuungsorganisation. Cairnes stürzte sich ins kalte Wasser und setzte sich als Sieger durch, indem er über tausend Kinder in drei Familientagesstätten und fünf Kindertagesstätten betreute.

Darüber hinaus bemerkt Cairnes: „Ich hatte eine Ausbildung zum Psychotherapeuten." Ich musste entscheiden, was ich mit all meinen

Qualifikationen anfangen wollte, weil ich jetzt Mutter und hoch verschuldet war. Aber ich steckte fest, also habe ich es einfach erfunden. Als ich mein eigenes Unternehmen gründete, ging ich einfach raus und tat etwas, was noch nie zuvor getan worden war.

Cairnes hatte ihren eigenen Vorschlag: eine Beratung, die die Bindung zwischen Managern und Mitarbeitern stärken und deren Selbstwertgefühl steigern würde, sodass Unternehmen bisher undenkbare Ziele erreichen könnten. Sie behauptet, dass die Tatsache, dass zwei Mitarbeiter der Aluminiumhütte in Portland in Victoria zufällig ihren Vortrag belauschten, „reines Glück" war. „Ich bin dort angekommen, wo ich jetzt bin, weil ihnen gefiel, was ich sagte, und weil sie mich ihrem Chef vorstellten", behauptet sie.

Cairnes nutzte winzige Boote, um den damals überschwemmten Cooper's Creek zu befahren, und begleitete siebzehn Manager der Schmelze auf einem Campingausflug durch Zentralaustralien. Sie lacht und sagt: „Ich habe es einen Führungstrainingskurs genannt, aber wir waren zehn Tage weg", und gibt zu, dass sie sich das im Laufe der Gruppe ausgedacht hat. In unserer ersten Nacht schliefen wir draußen ohne Zelte auf unbefestigten Ebenen. Sie sagt: „Ich und siebzehn Männer, von denen die meisten schnarchten." „Es hat letztendlich ihr Leben verändert – und auch die Art und Weise, wie sie die Schmelze betrieben."

Laut Cairnes hatte sie „das Heilmittel gegen Krebs gefunden". Danach ging alles schnell. Sie arbeitete bei BP in Europa und Australien sowie bei der Reserve Bank of Australia, wo sie eine Fusion mit Mobil unterstützte. „Ich fing an, abgeworben zu werden."

Zu diesem Zeitpunkt waren die Schulden von Cairnes mehr als beglichen und sie hatte bereits ihre erste Million angehäuft, bevor sie das Land verließ. Sie gab sich die Gelegenheit, an diesen Strandtag zurückzudenken. Ich hatte ein First-Class-Ticket für die Reise nach London und übernachtete im Ritz Hotel, während ich auf meinem

Balkon mit Blick auf das Wasser auf meinem Anwesen in Clontarf saß. „Das ist es, ich habe es geschafft", dachte ich mir.

Als Belohnung für all ihre harte Arbeit gönnte sich Cairnes auch einen BMW und gönnt sich, wie sie es jetzt tut, Naturheilmittel. „Ich genieße gerne Massagen, besuche Spas und gönne mir häufig Gesundheitskuren", erklärt sie. Sie hatte zunächst Einspruch erhoben.

Ich habe es endlich geschafft, das ist es." Ende der 1990er Jahre gründete Zaffyre International. Greig Gailey, der CEO von Fletcher Challenge Energy, arbeitete während der BP-Mobil-Fusion mit Cairnes zusammen. Er lud sie ein, zu kommen und zu arbeiten Jetzt, wo er in Neuseeland war, war ich bei ihm. Cairnes erinnert sich: „Er sagte: ‚Ich muss ein ganzes Unternehmen sanieren, also brauche ich Sie, um ein Unternehmen zu haben.'" Zu diesem Zeitpunkt begann ich, andere Berater einzustellen.

Ich hatte vorher einfach keine Lust, das Unternehmen zu gründen." [Wachstum] war nicht das, was mich motivierte. Ich war durch das, was ich tat, wirklich reich und es hat mir einfach Spaß gemacht. Meine Leidenschaft finde ich in meinem Beruf als Berater Wenn viele Mitarbeiter für Sie arbeiten, sind Sie eigentlich mit anderen Tätigkeiten beschäftigt.

Sie stellte bald fest, dass sie ständig unterwegs war. „Letztes Jahr war ich dreißig Wochen lang außer Landes." Ich war für BP in London, Levi Strauss in den Vereinigten Staaten und The Challenge of Fletcher in Neuseeland beschäftigt.

Es entwickelte sich eine ungeschriebene Allianz, und Gailey nahm Cairnes immer mit, wenn er ein anderes Unternehmen neu organisierte. Zu den weiteren bedeutenden Firmenkunden zählen Telstra, Zinifex, Origin Energy, Western Power und Alcoa. Zaffyre, das 25 Mitarbeiter beschäftigt und ein Büro in North Sydney hat, erlebt derzeit einen Ressourcenboom in Perth und ist weiterhin als Berater in Europa, den USA und Australien tätig. „An einem guten Tag sind etwa drei Personen im Büro, der Rest berät weltweit", erklärt

Cairnes. „Heutzutage arbeite ich mit einer kleinen Anzahl von Geschäftsführern und Vorständen zusammen."

Steht also der Ruhestand unmittelbar bevor? Unwahrscheinlich, antwortet sie und fügt hinzu: „Ich habe versucht, in den Ruhestand zu gehen, aber es hat nicht funktioniert." Damals hatte ich es satt, zur Arbeit zu gehen. Ich schätze, ich war erschöpft und ausgebrannt, also habe ich versucht, in Byron Bay zu verschwinden. Letztlich wurde mir ein Jahr Auszeit gewährt, was mir erlaubte, meine Sichtweise zu überdenken. Ich verbrachte ein Jahr damit, Yoga zu machen, das Fitnessstudio zu besuchen, an den Strand zu reisen und neue Leute zum Heiraten kennenzulernen.

Cairnes hat derzeit ein Haus im Stadtteil Annandale in Sydney sowie ein Ferienhaus in Byron Bay, wo sie jeden Monat eine Woche lang Bücher schreibt. Sie hat bereits sechs Bücher veröffentlicht, darunter „Peaceful Chaos", „Boardrooms that Work – A Guide to Board Dynamics" und „Staying Sane in a Changing World". Angesichts des gescheiterten Rücktritts empfindet Cairnes keine Reue. Natürlich ging das Geschäft weiter, aber nicht in dem Umfang, wie es hätte sein können, wenn ich anwesend gewesen wäre. Jetzt, wo ich zurück bin, boomt es wirklich und es macht mir großen Spaß.

Und bald wird es eine weitere Schwierigkeit geben.

Es ist unglaublich spannend zu sehen, wie Menschen zum Leben erwachen und Dinge tun, die sie nie für möglich gehalten hätten. Ich würde gerne mit mehr Unternehmen teilen, was wir tun. Ich möchte es jedoch in Communities einführen. Es gibt keinen Grund, warum die Regierung dies nicht tun könnte, um die gesamte Nation zu stärken. Der gesellschaftliche Nutzen ist enorm, wenn man eine ganze Gemeinschaft dazu bringen kann, sich diesem Verfahren zu unterziehen. Das ist mein Traum.

Angesichts ihrer bisherigen Erfolge gibt es allen Grund zu der Annahme, dass sie diesen Wunsch ebenfalls verwirklichen wird.

Haynes, Rhys

Goldene Vorschriften

1. Beziehungen sind wichtig, aber alles beginnt bei Ihnen.
2. Sie können niemanden ändern, aber wenn Sie Änderungen an sich selbst vornehmen, werden sich auch alle Ihre Beziehungen ändern.
3. Nehmen Sie jede Situation – Herausforderung, Veränderung oder Unfall – als Chance.
4. Träumen Sie groß, denn die gleichen alten Erwartungen führen zu den gleichen alten Ergebnissen.
5. Schätzen Sie alles, was Ihnen passiert ist. Auf diese Weise entdecken Sie, was wahrer Erfolg ist.

Kapitel 11: Ein Konzept voller Geld

Jim Cornish, Öko-Krieger; gegründet 2004; 125 Franchisenehmer, sechs Mitarbeiter; 8 Millionen US-Dollar Umsatz

Jim Cornish sagte: „Wenn nur seine Eltern ..." davon wüssten – eine lose Prophezeiung.

„Es stimmt überhaupt – Auto war mein erstes Wort", sagt Cornish. Am Ende war er nur ein Wort – „waschen" – davon entfernt, sein Schicksal vorherzusagen. Schon bald fuhr der kleine Jim ein Kraftfahrzeug. In den 1960er Jahren gewann meine Mutter die Bergsteigermeisterschaft in New South Wales. Sie fuhr früher Autorennen. Ich erinnere mich, dass ich sie schon als kleines Kind bedrängte, mir das Autofahren beizubringen. Cornish erinnert sich: „Sie hat es mir beigebracht, als ich ungefähr vier oder fünf war." „Ich konnte die Pedale erreichen, indem ich meine Schultasche hinter meinem Rücken verstaute."

Der 38-jährige Cornish gewann zwar keine Formel-1-Meisterschaft, hatte aber durch seine Teilnahme als Amateur an der Supertouring-Klasse in Bathurst in den Jahren 1997, 1998 und 1999 großen Einfluss auf die Motorsportszene. Sein Profi Der Weg nahm eine völlig entgegengesetzte Wendung: „Ich habe drei Jahre Veterinärwissenschaft und ein weiteres Jahr Forschung zur Fortpflanzungsphysiologie exotischer Arten in Zusammenarbeit mit dem Taronga Zoo absolviert", sagt Cornish. „Also im Wesentlichen vögelnde Giraffen."

Cornishs Hauptziel, ein eigenes Unternehmen zu gründen, war jedoch immer die Dr. Doolittle-Erfahrung, die er sechs Jahre lang studierte. Das war ein Ziel, das ich immer hatte. „Sechs Monate nach Beginn meines ersten Studienjahres, im Alter von achtzehn Jahren, gründete ich mein erstes Unternehmen", behauptet er. „Damals, als diese Videospiel-Unterhaltungszentren beliebt waren, habe ich eines eröffnet." Meine Eltern mussten für eine Schuld in Höhe von 15.000

US-Dollar bürgen, die ich aufnehmen musste, aber ich zahlte sie umgehend zurück.

Ein Jahr später machte eine Kette von Flippersalonbesitzern ein Angebot, ihn aufzukaufen. Cornish fügt hinzu: „Er sagte mir, ich hätte alles falsch gemacht, und vielleicht hatte er recht." „Da ich Ineffizienz und finanzielle Verschwendung verabscheue, habe ich mich immer gefragt: Wer besucht einen Flipper? Kinder aus der Schule! Außerdem haben wir erst um 15 Uhr geöffnet, weil wir sozialbewusst sein wollten und nicht wollten, dass Jugendliche kommen Cornish lernte von diesem Kerl, der alle Vorschriften änderte und innerhalb eines Jahres bankrott ging, wie man ein Unternehmen führt, indem man wie ein Kunde denkt. Das war nicht schwierig, weil er nach Geschäftsschluss gerne mit seinen eigenen Maschinen spielte.

Nach Abschluss seines Studiums der Veterinärwissenschaften kehrte Cornish sofort zur Schule zurück, um einen MBA zu absolvieren. Zeit war für mich schon immer ein Problem. Meine Freunde, die zwei Jahre frei hatten, sind nach Europa gereist, aber ich habe die Reise nie gemacht. „Ich wollte es einfach zu Ende bringen und weitermachen", sagt er. Neben seiner Tätigkeit als gesponserter Fahrer und der Fortsetzung seiner Teilnahme an Rennen war er hauptberuflich bei Nestlé im Bereich Tiernahrung beschäftigt. Dann, ganz plötzlich, im Jahr 2004, veränderte sich sein Leben.

„Ein schwarzer Monaro, den ich mehr schätzte als alles andere in meinem Leben", war Cornishs Fahrzeug. ...ähm, außer natürlich von meinen Lieben", wurde von einem Freund namens Stewart Nicholls betreut. Als er mich kontaktierte, erklärte er, er wolle mein Auto waschen, würde aber kein Wasser verwenden. „Auf keinen Fall, wage es nicht, es anzufassen", war meine Antwort.

Aber am Ende überredete er mich, ihm die Funktionalität des von ihm entdeckten Produkts vorführen zu dürfen. Da ich so beeindruckt war, vereinbarten wir für den nächsten Tag ein Treffen mit den Leuten, die einen Import in Erwägung ziehen. Wir teilten ihnen mit, dass wir ein mobiles Auto benutzen würden.

Nach einem Besuch bei den Anwälten gründeten wir eine Firma. Es ging so schnell.

Nicholls schloss sein Geschäft umgehend und das Paar nahm eine Hypothek auf ihre Häuser auf, um ein Paar Daihatsus zu kaufen und sie leuchtend orange zu streichen. Es entstand die wasserlose Autowaschanlage Ecowash. Ein exklusiver Import aus Monaco, ein Polymerstoff, ist der Schlüssel zur wasserlosen Wäsche. Beim Aufsprühen auf das Auto wird der Schmutz regelrecht von der Oberfläche gelöst und eingeschlossen. Das Material hat schmierende Eigenschaften. Da es keine Petrochemikalien enthält, verbleibt ein Polymerfilm auf dem Auto, der es poliert und schützt.

„Ich hatte ein ausgezeichnetes Geschäft bei Nestlé, also wollte ich dort bleiben, aber dort war es zu voll, also habe ich sechs Wochen später gekündigt", fügt Cornish hinzu. Obwohl Australien anfällig für Dürre ist, ist wasserloses Waschen dort recht beliebt. Allerdings ist das Die Marke „Eco Wash" wurde vor der Einführung umfassender Wasserbeschränkungen eingeführt. „Der Genuss eines sauberen Autos mit einem reinen Gewissen" ist laut Cornish der Slogan, den wir verwendet haben, aber wir haben uns nicht als Umweltlösung positioniert Nachhaltigkeit ist ein Muss für jede Organisation, daher war dies keine Marketingtaktik, sondern vielmehr ein Bestandteil unseres Hauptgeschäftsplans.

Wir sind auch zu einem Premium-Preis in den Markt eingestiegen – Autowaschanlagen kosten normalerweise 12 US-Dollar, wir berechnen jedoch 35 US-Dollar –, sodass unsere Kunden von uns mehr als nur ein Erfolgserlebnis durch die Rettung von Bäumen erhalten wollten. Hier kommen Komfort und Qualität ins Spiel. Auch wenn es in anderen unserer internationalen Regionen, beispielsweise in Frankreich, kein Wasserproblem gibt, hat es sich genauso schnell ausgebreitet.

Auch wenn Menschen, die ihr Budget kürzen, in der Regel als erstes auf eine hochwertige Fahrzeugwäsche zurückgreifen, ist es Ecowash gelungen, trotz des wirtschaftlichen Abschwungs seinen Kunden- und Franchisenehmerstamm zu erweitern.

Nicht einmal Cornish weiß warum.

Einige unserer Firmenkunden, hauptsächlich aus Amerika, haben sich zurückgezogen, aber das Geschäft kommt wieder in Schwung, und einige unserer Franchisenehmer haben Monate im Voraus noch zwei Jahre Laufzeit in ihren Verträgen.

Cornish glaubt, dass mehrere Faktoren für ihn sprechen: „Die Leute kümmern sich möglicherweise besser um ihre Autos, weil sie nicht mehr so viele davon kaufen wie früher." Viele Menschen verkaufen jedoch ihre Autos, um über die Runden zu kommen, und um den besten Preis zu erzielen, möchten sie, dass sie in einwandfreiem Zustand sind. So oder so, das Geschäft kommt herein.

Zeit könnte auch ein Problem sein. Berichten zufolge arbeiten die Menschen länger, um ihren Arbeitsplatz zu behalten oder zusätzliches Geld zu verdienen, sodass ihnen nur wenig Zeit für die persönliche Autowäsche bleibt.

Ecowash ist in fünfzehn Länder, darunter Frankreich, expandiert und seine weltweite Expansion hat sich trotz des Wirtschaftsabschwungs nicht verlangsamt.

„Einer der am schwierigsten zu erschließenden Märkte war Australien", behauptet Cornish. Das Unternehmen ist in Europa, dem Nahen Osten und Mittelamerika tätig. „Ich denke, wir sind von Natur aus eine zynische Nation." „Wir sind in die USA eingetreten und haben mit Konkurrenz gerechnet, aber nichts kommt auch nur annähernd an uns heran", sagte der Autor. Obwohl wir immer noch gesund expandieren, bleiben wir dort aufgrund der Rezession hinter unseren Zielen zurück, so Cornish.

In den USA und Australien hat es sich als große Herausforderung erwiesen, Franchisenehmer zu finden, die eine Bankfinanzierung erhalten können, statt zu versuchen, die Franchisenehmerbasis zu erweitern (das Unternehmen wird mit Bewerbungen überschwemmt). „Banken sind bei der Kreditvergabe zurückhaltend, obwohl man für die Gründung einer Franchise nur etwa 45.000 US-Dollar benötigt. Sie sind viel vorsichtiger geworden."

Cornish war aufgrund der Geldknappheit gezwungen, das Unternehmen genau zu prüfen und unnötige Ausgaben zu eliminieren. „Früher haben wir auf fast jeder Website und in fast jedem Franchise-Magazin Werbung geschaltet, aber wir haben damit aufgehört, nachdem wir analysiert hatten, wo wir die besten Bewerbungen erhielten, und unsere Ressourcen dort eingesetzt haben."

Während der Rezession hat Cornish auch gesehen, dass viele Unternehmen und Organisationen bestrebt waren, ihre Kräfte zu bündeln und Allianzen zu bilden, um Ressourcen zu bündeln, um Geschäfte abzuschließen. Wir haben kürzlich eine Partnerschaft mit der Millionenmitglieder American Automobile Association geschlossen. Darüber hinaus haben wir einen Vertrag mit Holden National Leasing und mit begonnen

In Griechenland haben Sie einen kurzen Mietvertrag. Irgendwo kann man sich einfach entspannen und denken: „Wow, das war wirklich cool." Wir arbeiten daran, aber wir schließen weiterhin verschiedene Angebote ab.

Es geht nicht um das Gefühl des Ankommens, sondern Ecowash hat es geschafft, das Gefühl der Annäherung an die erste Million zu überwinden. bereits im zweiten Betriebsjahr, da die Kundenbasis zu 70 % aus Frauen besteht und ein Jahresumsatz von 7,5 Millionen US-Dollar erzielt wird. Allerdings hatte Cornish noch nicht das Bedürfnis, sich selbst für seine Leistung zu loben. „Da bin ich furchtbar schrecklich." Ich werde mir selbst Versprechungen machen wie: „Wenn wir an diesem Punkt angelangt sind, werde ich das tun", aber sobald wir an diesem Punkt angelangt sind, wird mir klar, dass es eine schlechte Idee war, und ich beschließe, weiterzumachen.

Es gibt Zeiten, in denen man sich einfach zurücklehnen und denken kann: „Wow, das war wirklich cool." Aber wir investieren weiterhin alles in das Unternehmen. Es ist eher das Gefühl, auf dem richtigen Weg zu sein, als das Gefühl, angekommen zu sein.

Glücklicherweise bleibt seine anfängliche Leidenschaft für das Autofahren – Autos – ein Teil seines Lebensstils, so Cornish, der behauptet, sein Job fühle sich nicht mehr wie Arbeit an. Ich liebe Autos im Allgemeinen, nicht nur schnelle. Jetzt, wo ich eines habe, fahre ich sogar gerne mit meinem Allradantrieb. Ich bin besessen von allem, was Räder und einen Motor hat.

Stephen Corby

Goldene Vorschriften

1. Wählen Sie ein Thema aus, das Sie besonders interessiert.
2. Konstruieren Sie Systeme. Jeder Vorgang sollte einfach und wiederholbar sein.
3. Nehmen Sie einmalig die notwendigen Korrekturen vor. Teilen Sie jedes Problem durch 100, bevor Sie mit der Lösung beginnen.
4. Untersuchen Sie Ihre Leistungsbereiche und leiten Sie dort Ressourcen ein.
5. Seien Sie Ihren Mitarbeitern gegenüber transparent und ehrlich. Es ist wichtig zu kommunizieren.

Kapitel 12: Ein Interesse, das Zahlen nutzt

Angus Geddes Enormous Prophecies gegründet im Jahr 2000; fünfunddreißig Arbeiter; Jahresumsatz von über 5 Millionen US-Dollar

Erfolgreiche Stadtunternehmen haben für sich als Nessmen etwas Seltsames, ja Bizarres. Häufig werden Sie feststellen, dass sie, bevor sie ihr nuklearbetriebenes Gehirn für Finanzzwecke nutzten, Quantenphysik erforschten, ihre eigenen Computer bauten oder Artikel über das Lösen von Zauberwürfeln verfassten – Themen, die für die Mehrheit der Menschen unverständlich sind.

Als Angus Geddes zwölf Jahre alt war, hatte er sich alle Namen aller Direktoren der neuseeländischen Börse eingeprägt. Es hätte Rain Man stolz gemacht. Er erinnert sich: „Das Investieren faszinierte mich einfach." Ich habe jeden Unternehmensbericht durchgelesen, um so viel wie möglich zu erfahren. „Ich gehe die Geschäftsberichte von Anfang bis Ende durch." In diesem Jahr kam Geddes zu dem Schluss, dass er nicht genügend Zinsen für seine Bankeinlagen erhielt. Dann begann er zu investieren. Die Zinssätze in Neuseeland lagen Anfang der 1980er Jahre bei etwa 2 %, und ich hatte meinen Vater gerettet. Es besteht eine Meldepflicht, um ein paar hundert Dollar einzusparen. Ich sagte, ich würde jedes Unternehmen lesen. Ich studiere Jahresberichte von Unternehmen, die bessere Renditen bieten als ich.

Deshalb haben wir ein Konto bei den Börsenmaklern eröffnet. Als er sechzehn war, hatte Geddes seine 200 Dollar in 40.000 Dollar verwandelt.

„Ich habe einige ungewöhnliche Anrufe getätigt", erklärt er. Und ich hatte ein wenig Glück. Allerdings hatte ich auch einen hervorragenden Makler, der mir fundierte Ratschläge gab, die mit meinem eigenen Urteilsvermögen übereinstimmten. Das war die Zeit

des Films „Wall Street", Yuppies und die Idee, dass „Gier gut ist."
Allerdings hielt Geddes Geld nie für wichtig. Er sagt, er habe nie ein
schickes Haus oder ein schnelles Auto gewollt. Stolz behauptet er, dass
der achtzehn Jahre alte Mercedes 560SL, den er fahre, an Wert
gewonnen habe.

Für Geddes ist Wert alles. Er fliegt in der Business Class, weil diese
bequem und preisgünstig ist; Er wird nicht in der ersten Klasse fliegen,
weil er der Meinung ist, dass es sich nicht lohnt. Beim Investieren
verwendet er dieselbe Strategie. Er sucht nach unterbewerteten
Unternehmen, die seit einiger Zeit schlechter abschneiden als der
Markt und derzeit in Ungnade gefallen sind. Anschließend tätigt er
Investitionen, während er darauf wartet, dass der Markt umkehrt und
den Aktienkurs in die Höhe treibt. Obwohl er sechs Jahre brauchte, um
sich von der Marktkrise von 1987 zu erholen, hat sich die Strategie in
den letzten 20 Jahren gut bewährt.

Geddes reise Anfang der 1990er Jahre nach London und New
York, um im Börsenhandel zu arbeiten, und erlangte dabei
unschätzbares Fachwissen, das er bei seinem Umzug nach Sydney Mitte
der 1990er Jahre einsetzte. Ich fing an, für einen kleinen Makler
ausschließlich auf Provisionsbasis und ohne Bezahlung zu arbeiten.
Danach habe ich über die Gelben Seiten medizinische Fachkräfte,
Anwälte und Buchhalter angerufen. Ich habe ihnen oft ein Trinkgeld
gegeben, nachdem ich sie gefragt hatte, ob sie für gute
Investitionsangebote offen wären. Als sie sahen, dass das Unternehmen
erfolgreich war, erregte das ihre Aufmerksamkeit. Viele dieser Kunden
stehen noch immer unter meiner Obhut.

Geddes behauptet, er sei damals ein kleiner Einzelgänger gewesen
und sagte: „Ich habe gesehen, wie die Leute an der Wall Street das
Gleiche taten, aber in Sydney machte niemand diese Art von
Kaltakquise." Obwohl es schwierig war, gelang es. Ich habe in weniger
als sechs Monaten Aufträge im Wert von 300.000 bis 400.000

US-Dollar pro Jahr geschrieben und dabei das Beste aus 200.000 US-Dollar gemacht. Geddes wurde kurz darauf von BT Financial eingestellt, wo er einige Jahre arbeitete, bevor er das Unternehmen verließ, um als Makler bei JBWere zu arbeiten. Seine Value-Investing-Strategie erforderte, dass er sich dem Trend widersetzte. Jeder investierte in die Technologieblase, die im Jahr 2000 explodierte. Aber ich hatte das Gefühl, dass sie platzen würde. Wissen Sie, ich hatte das alles schon einmal miterlebt, im Jahr 1987, als ich einen beträchtlichen Teil des Geldes verlor, das ich persönlich für den größten Teil meines Lebens gespart hatte. Das tat sehr weh. Und wieder einmal konnte ich alle Warnsignale sehen: völlig überteuerte Unternehmen mit fast keinen Gewinnen, extreme Spekulationen und Mob-Wahnsinn. Es hatte den Verstand verloren.

Ich drängte auf Gold- und Energieunternehmen, die völlig in Ungnade gefallen waren und aus anhaltenden schlechten Märkten hervorgingen, während viele seiner Zeitgenossen Hightech unterstützten. Viele Leute dachten vielleicht, ich sei ein bisschen verrückt. Es erwies sich als kluge Entscheidung, da Value-Aktien wie Energieunternehmen und Gold enorme Renditen verzeichneten.

Geddes versuchte, wurde jedoch weitgehend ignoriert, seine Kunden von der Technologie weg und hin zu Value-Aktien zu bewegen. Die meisten von ihnen waren von der Tech-Erzählung so begeistert, dass sie einfach Tech-Aktien über einen anderen Broker kaufen würden, behauptet er, aber er zeigte ihnen trotzdem Diagramme des Crashs von 1987 und des historischen und aktuellen Nasdaq-Index und warnte sie davor, dasselbe zu tun es würde etwas passieren.

Für Geddes war das ein Wendepunkt; Er beschloss, zurückzutreten, weil ihn die Erfahrung so frustriert hatte. Ich habe einfach geglaubt, dass es für mich besser wäre, meine eigenen Ideen zu unterstützen: Als Börsenmakler habe ich einen eigenen Newsletter

und verbinde mich mit einer Website, auf der ich meine intensiven
Gedanken und Kundengefühle niederschreiben und offenlegen kann
Gier und Angst der Menschen. Ich kann mich dafür entscheiden, es
zu lesen oder wegzuwerfen, aber ich gebe den Leuten keine Ratschläge,
die sie einfach ignorieren werden, während sie jeden Tag am Telefon
heiser werden. Ein Börsenmakler zu sein ist schwierig, weil man mit
den starken Emotionen der Menschen zu tun hat, nämlich Angst und
Gier. Für einen Investor wie mich, der zur konträren Seite tendiert,
kann es unglaublich anstrengend sein, so als würde man mit dem Kopf
gegen eine Mauer stoßen.

Geddes gründete Fat Prophets, seine eigene unabhängige
Forschungsorganisation. Zum Erstaunen einiger früher Zweifler wuchs
seine bescheidene anfängliche Abonnentenbasis dank einer klugen
Aktienauswahl schnell an. „Die Leute hielten es für verrückt, uns Fat
Prophets zu nennen, weil es ein bisschen „extrem" und nicht sehr
konservativ ist; sie sagten, die Investoren würden uns nicht vertrauen",
sagten sie. Am Anfang hatten sie zweifellos Recht, aber wir trafen
schnell einige kluge Entscheidungen und unser Ruf begann zu steigen.

Auch wenn er schon seit einiger Zeit gutes Geld verdient,
behauptet Geddes, dass seine erste Million aus der Kombination des
Unternehmenswerts und seines persönlichen Aktienportfolios in den
Jahren 2002–2003 stammte, als das Unternehmen eine gewisse
Dynamik erreicht hatte. „Ich habe auf keinen Fall innegehalten und
gedacht, dass ich es geschafft habe oder dass es irgendein Meilenstein
wäre", lautete dennoch seine Standardantwort.

Das Geschäft von Fat Prophets war so erfolgreich, dass es zur
Eröffnung eines Büros in London führte. Derzeit verfügt das
Unternehmen über eine Fondsverwaltungsabteilung und eine
börsennotierte Investmentgesellschaft, die 50 Millionen US-Dollar
verwaltet. Darüber hinaus hat Geddes eine beliebte Reihe von „separat
verwalteten Konten" eingeführt, bei denen es sich um vorab

ausgewählte Aktienportfolios nur für Anleger handelt. Außerdem beabsichtigt er, in Kürze einen Hedgefonds zu eröffnen.

Sein Slogan „Im Geschäftsleben gibt es kein Scheitern" hat ihm das Selbstvertrauen und die Entschlossenheit gegeben, Fat Prophets als wirklich weltweite Marke zu etablieren. In was investiert Geddes nun? Sicherlich keine Immobilien. „Mit dem Geld, das ich 2003 beim Verkauf meiner Wohnung verdient habe, habe ich in Aktien investiert und es viel besser genutzt", behauptet er. Im Moment wäre es für Sie klüger, ein Haus zu mieten und Ihr Geld in Aktien zu investieren, als ein Haus zu kaufen. Es ist sinnvoller, in Aktien zu investieren, die möglicherweise das Fünf- oder Zehnfache der Rendite eines Vermögenswerts mit schlechter Wertentwicklung und einer Rendite von zwei Prozent abwerfen, als diesen Vermögenswert mit schlechter Wertentwicklung zu kaufen. Die Preise für Wohnimmobilien sind meiner Meinung nach anfällig. Die Zinssätze werden wahrscheinlich steigen, und ich glaube, dass die Preise in den nächsten etwa 18 Monaten zu sinken beginnen werden und sich einige hervorragende Investitionsmöglichkeiten bieten werden. Allerdings werde ich keine Einkäufe tätigen, bis ich auf dem Markt etwas Sinnvolles finde.

Es ist nicht ganz richtig, dass Geddes behauptet, seine Anlagephilosophie sei nicht darauf ausgerichtet, Geld zu verdienen. Es geht nur ums Geld, aber nicht um buchstäbliches Geld, sondern um eine immaterielle Punktzahl. In dem großen Spiel „Success in the City" verdient er nur Punkte. Geddes möchte nur Recht haben, seine Überzeugungen bestätigen und seine Kritiker widerlegen. Bisher läuft alles gut.

Nick Gardner

Goldene Vorschriften

1. Bleiben Sie Ihrer Leidenschaft treu. Eröffnen Sie einen Sandwich-Laden, wenn Sie eine große Vorliebe für die

Herstellung von Sandwiches haben.

2. Machen Sie sich bereit, eine Menge Arbeit zu investieren.

3. Seien Sie in der Gesellschaft außergewöhnlicher Menschen, die Ihre Fähigkeiten ergänzen und mindestens so intelligent sind wie Sie.

4. Im Geschäftsleben gibt es kein Scheitern, also haben Sie keine Angst davor. Es gibt immer einen Weg, wenn Sie eine Methode ausprobieren und sie nicht funktioniert. Versuchen Sie es mit einem anderen Weg. Sie können alles erreichen, wenn Sie Ihre Angst vor dem Scheitern überwinden.

5. Konzentrieren Sie Ihre Entschlossenheit und Aufmerksamkeit auf Ihre Ziele.

6. Viel Spaß

Kapitel 13: Eine erfolgreiche Karriere passend

Trudy Gilbert von Elite Introductions International wurde 2005 gegründet; Umsatz von 1,2 Millionen US-Dollar; fünf Arbeiter

Wie man so schön sagt, kann man Liebe nicht mit Geld kaufen. Doch wer auch immer auf diese Idee kam, hatte Sydneys Amor Trudy Gilbert nicht kennengelernt, die auch den wohlhabendsten gehobenen Dating-Service in der Gegend betreibt.

Sie garantiert Ihnen mindestens sechs Dates in sechs Monaten für 2695 $, aber es ist unwahrscheinlich, dass irgendjemand so viele Dates verlangt, da fast 90 % ihrer ersten Bekanntschaften am Ende auf mehr Dates hinauslaufen. Liebe ist für sie nur die halbe Miete: „Es war großartig." Wenn Sie einen Anruf erhalten, der Ihnen mitteilt, dass jemand zusammenzieht oder ernsthaft miteinander ausgeht, ist das einfach so erfüllend. Ich glaube, dass ich den größten Einfluss auf das Leben der Menschen habe.

Wenn sie anfangen, jemanden häufig zu sehen, können sie die sechsmonatige Mitgliedschaft um bis zu zwei Jahre verschieben. Gilbert hält diese Kapitulation für moralisch und praktisch angemessen. Jemanden zum ersten Mal zu treffen, ihn sechs Monate lang kennenzulernen und dann die Mitgliedschaft auslaufen zu lassen, wäre nicht fair. Da Mundpropaganda die Grundlage für das Wachstum meines Unternehmens ist, möchte ich, dass meine Kunden mit meinem Service zufrieden sind.

Außerdem scheint es, dass der Verkauf von Liebe rezessionssicher ist. Gilberts Geschäft florierte trotz der weltweiten Rezession. „Ich glaube, dass die Menschen sich selbst überdacht haben und durch den Absturz weniger materialistisch geworden sind", sagt sie. Viele Menschen haben in den Tagen des Wohlstands viel Geld verdient und verloren, aber das hat sie nicht glücklich gemacht. Ich glaube, da begannen sie sich zu fragen, wie sie glücklich sein könnten. Und eine befriedigende Beziehung war für viele die Lösung.

Gilbert, die im Juni 2009 ihr erstes Kind, Siena, zur Welt brachte, betreibt derzeit ein Büro in Melbourne und plant, ihr Imperium in naher Zukunft nach Brisbane auszudehnen.

„Wenn es um potenzielle Mitarbeiter geht, habe ich eine Fülle von Möglichkeiten, was dies zu einem hervorragenden Zeitpunkt als Arbeitgeber macht", bemerkt sie. „Büroflächen sind günstig, Werbung ist bei Bedarf günstig – alles in allem ist dies eine wirklich gute Zeit." für das Unternehmen." Es zeigt, dass auch in Rezessionsphasen Wachstumsaussichten bestehen. Es ist kein Grund, Angst vor Wachstum zu haben, weil die Wirtschaft insgesamt stagniert.

Gilbert findet natürlich Partner. Nachdem sie aus zwölf ihrer Freunde sechs glückliche Paare gebildet hatte, entwickelte sie das Konzept für Elite Introductions. Nachdem zwei Paare geheiratet haben, hat sich ein Mann einen Verlobungsring gekauft und fasst den Mut zusammen, die Frage zu stellen. „Ich bin geschickt darin herauszufinden, was Menschen motiviert." Ich glaubte, dass ich als Unternehmen erfolgreich sein könnte, nachdem ich so viele meiner beruflichen Freunde zusammengebracht hatte. Als ich mit meiner Marktstudie begann, stellte ich fest, dass niemand den Menschen wirklich so dient wie sie oder ich. Es macht Sinn, dass die Einführung von Like to Like funktioniert, wenn es um ein Unternehmen geht, das Mitglieder der New Yorker High Society vorgestellt hat, über die ich in Amerika gelesen habe. Deshalb habe ich die gleiche Idee auf Sydneys Fach- und Führungskräfte angewendet.

Gilbert hätte eine andere Methode entwickelt, wenn sie sich nicht als erfolgreich erwiesen hätte. Sie gehört zu den Menschen, denen spontan Ideen einfallen. Ihr ansteckendes Selbstvertrauen und ihre unbändige Leidenschaft sind Eigenschaften, die ihrer Meinung nach für jeden angehenden Geschäftsinhaber von entscheidender Bedeutung sind. Sie müssen Selbstvertrauen ausstrahlen und bei

Kunden und Mitarbeitern einen guten Eindruck hinterlassen. Ihre Mitarbeiter werden von Ihnen motiviert sein, denn Sie sind die Verkörperung dessen, was Ihr Unternehmen sein soll.

Gilbert, die Tochter eines Bekleidungsverkäufers, wuchs in einem östlichen Vorort von Sydney auf. Ihr Vater war ein von Natur aus charmanter und lustiger Mann, der sie gerne zur Arbeit mitnahm. Aus der Erfahrung lernte sie, dass Arbeit Spaß machen kann und sollte. Es schien, als würde er seine Freunde besuchen. Jeder Besuch bei jedem Einzelhändler war voller Humor und Gelächter. Es schien überhaupt keine Arbeit zu sein. Ihre Mutter zog Trudy zu Hause groß, bevor sie zur Hauptverwalterin der Rose Bay-Synagoge aufstieg.

Gilbert erklärt: „Mein Vater vermittelt mir soziale Kompetenz und meine Mutter vermittelt mir die geschäftliche Seite." Nachdem ich gesehen hatte, wie er vorging, war ich mir sicher, dass ich mein eigenes Unternehmen gründen wollte. Sie war schnell frustriert und reiste im jungen Alter von 23 Jahren nach Italien. „Und als ich die Universität verließ und einen Job im Marketing einer Hotelgruppe annahm, empfand ich die Bürokratie als frustrierend und die Arbeitspolitik als Zeit- und Ressourcenverschwendung", schrieb sie. Nachdem sie eine Zeit lang in Sydney gearbeitet und einige weitere unbefriedigende Positionen übernommen hatte, kehrte sie nach Italien zurück, wo sie als Kommunikationsberaterin angestellt war und Unternehmen beibrachte, wie sie ihre Vertriebs- und Marketingstrategien verbessern können. Irgendwann dachte ich: Warte! Ich könnte das alleine bewältigen. Ich muss nicht bei dieser Organisation angestellt sein", sagte sie und machte sich im Alter von 27 Jahren auf den Weg.

Es war wirklich erfolgreich. Zu meinen Kunden gehörten Ferrari und Dolce. Meine Mutter und Perla geben mir die geschäftliche Seite und Gabbana und La. Zu meinen drei Fähigkeiten im Umgang mit Menschen gehört Vater. „Ich habe in den Jahren in Italien 50.000 US-Dollar gespart", sagte sie, bevor sie nach Sydney zurückkehrte, um eine Familie zu gründen. Nach ihrer Landung in Sydney lernte sie zwei Monate später Philip, ihren Ehemann, kennen. Ein Paar, das ich zusammen untergebracht hatte, brachte uns zusammen . Nach drei Monaten haben Philip und ich uns verlobt.

Das Matchmaking läuft gut und die Ehe hat Bestand. Elite besteht aus über 500 Kunden, wobei Männer und Frauen ziemlich gleichmäßig verteilt sind. Allerdings ist der Zugang zu Gilberts Büchern nicht für denjenigen gewährleistet, der den gesamten Mitgliedsbeitrag bezahlt. Bis zu dreißig Prozent der Kandidaten werden von ihr abgelehnt. „Die Qualität und Integrität meiner Kunden sind mein Maßstab", sagt sie. Ich arbeite nur mit wirklich versierten und intelligenten Fachleuten zusammen. Ich werde niemanden einstellen, der, aus welchen Gründen auch immer, nicht zu mir passt.

Sie muss selten Dating-Beratung anbieten, da ihre Kunden erfolgreich und klug sind und über ausgeprägte soziale Fähigkeiten verfügen. Dennoch machen Menschen immer noch Fehler. Häufig neigen Männer dazu, Gespräche zu dominieren oder übermäßig über die Arbeit zu reden. Ich rate ihnen, optimistisch zu bleiben und es zu vermeiden, über die schrecklichen, wütenden oder deprimierenden Dinge in ihrem Leben zu sprechen. „Es ist ein wirklich reibungsloser Vorgang, dem Kellner auf dem Weg zur Toilette einfach die Kreditkarte zuzustecken und die Rechnung zu begleichen, so dass es beim Verlassen völlig reibungslos abläuft", rät sie. Ein weiterer Tipp, der ihrer Meinung nach Wunder bewirkt, besteht darin, dass der Mann die Rechnung bezahlt, ohne dass die Frau davon weiß. Es zeichnet Sie als Klassenkamerad aus.

Gilbert verdiente ihre erste Million Dollar im Jahr 2005, kurz nach ihrem vierunddreißigsten Lebensjahr. „Mein Buchhalter rief an, um mir zu gratulieren, aber ich wusste, dass wir es fast geschafft hatten", fügt sie hinzu. Als ich 35 wurde, erfüllte ich mein Versprechen, ein Selfmade-Milliardär zu werden, und das mit der nötigen Zeit. Um das zu feiern, fahren mein Partner und ich in das W Hotel auf Bali.

Gilbert sagt, Geld habe nichts mit ihrem Glück zu tun. Geld ist nicht der Schlüssel zum Erfolg. Sie müssen mit Ihrer Identität und Ihrem Besitz zufrieden sein. Ich bin meinen Eltern sehr dankbar, dass sie mir eine starke Arbeitsmoral vermittelt haben, die es mir ermöglicht, unabhängig von meiner finanziellen Situation erfolgreich zu sein. Am wichtigsten ist, dass sie mich in einen selbstbewussten, vielseitigen Menschen verwandelt haben, der sich in seinem eigenen Fleisch wohl fühlt.

Nick Gardner

Goldene Vorschriften

1. Beteiligen Sie sich an einem Leidenschaftsprojekt; Die Begeisterung und Vitalität, die Sie ausstrahlen, wird alle um Sie herum inspirieren.
2. Schaffen Sie eine starke Unternehmenskultur und ein klares Ziel, um sicherzustellen, dass sich die Mitarbeiter wertgeschätzt, gehört und belohnt fühlen.
3. Seien Sie bescheiden und dennoch selbstbewusst und widmen Sie Ihr Leben dem lebenslangen Lernen und Wachstum.
4. Menschen sollten mit Respekt und Anstand behandelt werden und Sie sollten stets mit Integrität handeln. Wenn Sie aufrichtig mit Werten umgehen, werden Sie respektiert.
5. Seien Sie immun gegen Rezessionen. Lassen Sie nicht zu, dass fadenscheinige Trends oder Mode Ihr Handeln bestimmen.

Kapitel 14: Erfolg in Gefahr

Ilhan JohnCrazy John's; 800 Arbeiter; 1991 gegründet: 200 Millionen US-Dollar Umsatz

Versuchen Sie abzuschätzen, wie viele Stunden am Tag ein Platin-Chef wie „Crazy" John Ilhan verbringt, der an seiner Tastatur klebt. Überlegen Sie, wie viel Zeit Ihres Arbeitstages Sie mit dem Versenden und Lesen von E-Mails verbringen.

Versuche es nicht zu versuchen. Und das nicht, weil der Mobilfunkmagnat beschlossen hat, einen Teil seines Vermögens – mehr als 300 Millionen US-Dollar – im Ruhestand auszugeben. Nein, der in Melbourne ansässige Ilhan spottet nur über den Gedanken, ein BlackBerry zu verwenden, und wird nicht einmal einen PC benutzen – er hat seit über fünf Jahren keinen mehr in seinem Büro gehabt. Ehrlich gesagt wüsste ich nicht einmal, wie man einen Computer neu startet. Er sagt: „Die Jungs fangen alle an zu lachen, wenn ich so tue, als würde ich bei der Arbeit eines benutzen, weil sie wissen, dass ich keine Ahnung habe."

Ich habe so viel von meinem Tag damit verloren, Geschäftspartner verloren, Mitarbeiter verloren", sagte Ilhan, der seinen Computer ausschaltete. Ich genieße es, verbal, visuell und visuell zu kommunizieren, aber mir wurde klar, dass ich das nicht ewig machen kann. Zu diesem Zeitpunkt übernahm Amanda, meine Assistentin der Geschäftsleitung. Sie liest alles. Sie ist sich meiner Gedanken und Handlungen bewusst.

Ilhan behauptet, dass ihm E-Mails in Punktform zugestellt werden und dass er nicht verpflichtet ist, eine Antwort zu verfassen, da jeder eine Antwort erhält. Er ist auch kein großer Fan von Papierkram. Ich kann nicht mehr als drei Seiten gleichzeitig lesen. Ilhan gibt zu: „Ich bin nicht gut mit Details." Er sagt, dass die Vermeidung von mentalem Durcheinander beiderlei Art ihm die Freiheit gibt, sich auf die wesentlichen Dinge zu konzentrieren: „Ich kann Zeit damit verbringen, die Dinge zu tun, die wirklich wichtig sind." Viel lieber würde ich Geschäfte besuchen, mit Mitarbeitern interagieren, an Schulungen teilnehmen, Zeit mit den Männern an der Front verbringen und sie inspirieren.

Ich nehme das als meine Medizin. Ich musste im Büro bleiben. Ich weiß jetzt wirklich zu schätzen, was ich beruflich mache. Für Ilhan ist es die individuelle Note. Ich kann Zeit damit verbringen, die Dinge zu tun, die mir schon immer am Herzen liegen.

Er hat ein äußerst wichtiges Muster. Ich würde viel lieber ein lebenslanger Verkäufer werden, Unternehmen besuchen, mit Mitarbeitern interagieren, an Schulungen teilnehmen und dabei sein

Motivieren Sie die Männer an der Spitze der Volksvereinigung mit unpersönlicher Täuschung. aß in dieser Funktion. Ich nehme das als meine Medizin. Zusammenfassend kann man sagen, dass er überzeugt. Als er 1991 im Alter von 25 Jahren seinen ersten Handyladen eröffnete, muss er unglaublich charismatisch gewesen sein. Außer seinem eigenen befanden sich dort überhaupt keine Mobiltelefone. Ich hatte nur 1000 Dollar in der Tasche. Viele meiner Freunde waren Handwerker und halfen bei der Gestaltung des Ortes, der im Wesentlichen nur aus einer Bank mit Broschüren bestand, fügt er hinzu. Ich habe mir von Mama und Papa etwa 2.000 Dollar geliehen, um ein Telefon zu kaufen. „Zu diesem Zeitpunkt kostete jedes Telefon noch Tausende von Dollar, also hatte ich genug Geld in der Tasche, um eins nach dem anderen zu kaufen." Ich bin gerade mit dem Verkauf von Broschüren fertig geworden. Nachdem ich ein Telefon verkauft hatte, schloss ich den Laden und nahm den Käufer mit in die Stadt, um das Telefon zu kaufen. Da ich nur mich selbst hatte, musste ich mich verkaufen. Ich war jung, leichtgläubig und ein wenig naiv, da ich nicht verstand, wie sich die Zahlen summieren konnten. Wenn Sie jedoch Selbstvertrauen haben, ist es wichtiger zu sagen: „Ich kann verkaufen" als die Zahlen. Die Leute sagen Dinge wie: „Du arbeitest einfach wie verrückt und das ist diese junge, naive Einstellung."

Seitdem hat Ilhan, ein in der Türkei geborener und aufgewachsener Australier, der mit bürgerlichem Namen Mustapha heißt, seine Arbeitsmoral nicht gelockert. Als die Leute zum ersten Mal erwähnen, dass er früher 18-Stunden-Tage gearbeitet hat, lacht er sie aus. Das wäre allerdings nicht so viel. Also fange ich um sieben Uhr morgens an. nur sechzehn Stunden am Tag, um genau zu sein. Allerdings bleibe ich normalerweise bis Mitternacht wach, also sind das achtzehn Stunden. Gott, oh Gott! Das ist schon einiges. ...'

Allerdings stellt er klar, dass es sich dabei in erster Linie um Freizeitbeschäftigung handelt, und sagt: „Etwas zu tun, das man liebt, ist keine wirkliche Arbeit." Ich mache das seit sechzehn Jahren; Es ist nur ein notwendiger Bestandteil Ihrer Arbeit. Ich habe das Glück, in einem Bereich zu arbeiten, der mir Spaß macht, es ist also keine Arbeit. Es macht mir Spaß, mit anderen zu interagieren. Die Schwierigkeiten, ein Unternehmen zu erweitern, reizen mich. Ähnlich wie bei einem Kunstwerk strebt man ständig danach, es besser zu machen.

Ilhan bekam einen befristeten Job in der Ford-Produktionslinie in seiner Heimatstadt Broadmeadows, Melbourne, nachdem er zwei Monate nach seinem Kunststudium die Universität verlassen hatte. Er blieb mehr als drei Jahre, gab aber schließlich auf, weil er verärgert darüber war, dass die Absolventen zwar befördert wurden, er aber nicht. Ilhan glaubte, seine Berufung gefunden zu haben, als er als Telefonverkäufer bei Strathfield Car Radio zu arbeiten begann. Sein Aufstieg an die Spitze des Vertriebsteams des Unternehmens erfolgte schnell. Dann wurde er über eine Meinungsverschiedenheit bezüglich seiner Provisionszahlungen so wütend, dass er ging und direkt gegenüber sein eigenes Geschäft eröffnete.

Sein großer Durchbruch kam, als Telstra versprach, sein Unternehmen zu unterstützen, nachdem er eine treue Kundengemeinde aufgebaut hatte. Er erkennt nun, dass seine Expansionsrate von sechs Filialen bis 1994 in Melbourne nicht nachhaltig war, da „ich mich eher auf Beziehungen und

Handschlagverträge als auf Verträge verließ." Ich bin zu schnell gewachsen, und nachdem Telstra den Kurs geändert und unsere Provisionen gesenkt hatte, wurde ich etwa sechs Monate lang nicht bezahlt", erinnert sich Ilhan.

Zusätzlich zu den finanziellen Belastungen, denen er ausgesetzt war, brach sein emotionales Leben zusammen, als sein Bruder sich das Leben nahm. Laut Ilhan war es eine schwierige Zeit. „Gleichzeitig verachtete die Konkurrenz meinen Mut wirklich und hinterließ Drohnotizen auf meiner Windschutzscheibe, auf denen stand: „Jetzt bist du fertig." 1996 hatte ich bereits meine erste Million Dollar verdient, aber ich war dran stand kurz vor dem Bankrott. Ich habe das alles verloren, weil ich in der Verwaltung gearbeitet habe. Es war leicht zu verlieren und am schwierigsten war es, die erste Million zu verdienen.

Er hat aus der Veranstaltung einige harte, aber wichtige Lehren gezogen. Danach wurden mir meine eigenen Mängel bewusst und ich stellte jemanden mit Erfahrung im Finanzwesen ein. Am Ende war ich derjenige mit der Vision und stellte andere ein, die mir bei der Verwirklichung dieser Vision helfen sollten.

Als letztes Hindernis musste Ilhan nur noch seinen Firmennamen überwinden. Führungskräfte bei Telstra hatten gemischte Gefühle gegenüber dem Label Crazy John's. Sie belästigten mich und sagten mir, dass es nicht funktionieren würde und dass es unprofessionell sei. Sie haben sich völlig geirrt, aber das ging jahrelang so weiter, kichert Ilhan.

Bis 2003 war er nicht mehr aufzuhalten und schlug alle Konkurrenten, einschließlich Strathfield Car Radio, durch die Eröffnung von 70 Geschäften in nur 18 Monaten. Mit einem geschätzten Vermögen von 300 Millionen US-Dollar stand Ilhan 2005 auf Platz 1 der BRW-Liste der jungen Reichen. „Das zu sehen, wenn man bedenkt, woher ich komme, war amüsant", bemerkt er. Er hatte unerwarteten Erfolg gehabt: „Man arbeitet einfach hart und der Lohn kommt." Es ist nicht so, als würde man im Lotto gewinnen und sofort reich werden. Da ich ein wenig konkurrenzfähig war, genoss ich es, die Nummer eins zu sein, auch wenn es mir erst richtig auffiel, als sie es ansprachen. Damals war die Schätzung von 300 Millionen US-Dollar zutreffend. Obwohl es jetzt etwas mehr ist, arbeitet man am Ende nicht für das Geld. Sie müssen zunächst die Rechnungen bezahlen, also tun Sie es. Doch danach verlagert sich der Fokus auf Erfolge und Hindernisse.

Ilhan erinnert sich noch genau an den ersten Gegenstand, den er kaufte, nachdem er reich geworden war: einen gebrauchten, stark beschädigten braunen Porsche 930. „Eines Tages werde ich mein eigenes Geschäft, ein Haus am Strand und einen Porsche haben!" Ich erzählte es meiner Mutter, als ich sechzehn war. Das Auto gefiel mir wirklich gut, aber ich konnte mir kein neues leisten. „Ich habe nie einen neuen Porsche gekauft." Nachdem er seinen Lamborghini aufgegeben hat, fährt Ilhan jetzt einen Bentley. Darüber hinaus besitzt er ein Strandgrundstück in Brighton im Wert von 15 Millionen US-Dollar. Am stolzesten ist er jedoch auf das, das er für seine Eltern gekauft hat, mit denen er bis zu seinem dreißigsten Lebensjahr zusammenlebte. Er erklärt: „Sie wollten nicht umziehen; sie hielten es für eine große Sache, nur quer durch den Vorort zu ziehen." Also habe ich ihnen ein neues Haus in Broadmeadows gebaut.

Es war großartig, das für sie tun zu können. „Ohne ihre Hilfe wäre ich nicht hier. Diese Unterstützung war wichtig, weil ich wusste, dass sie mich auch dann lieben würden, wenn ich scheiterte, und dass ich alles versuchen könnte." Sie sagten: „Wenn Sie scheitern, wird es hier immer ein Bett für Sie geben – wir stehen immer hinter Ihnen."

Stephen Corby

Goldene Vorschriften

1. Behalten Sie jederzeit Ihre Demut.

2. Zeigen Sie Mitgefühl.
3. Wenden Sie Rücksichtslosigkeit auf Ihren Geschäftsansatz an, aber nicht auf Menschen.
4. Hören Sie nie auf, zur Gemeinschaft beizutragen.
5. Wählen Sie ein Leidenschaftsprojekt und geben Sie es niemals auf.
6. Gehen Sie Risiken ein und gewinnen Sie Erkenntnisse aus Ihren Fehlern.

Kapitel 15: Das Leben der Gesprächsthemen

Alan Jones arbeitet als Rundfunksprecher.

Es wäre ein Fehler zu glauben, dass ein Interview mit Alan Jones ein wenig beängstigend sein würde. Es ist wirklich beunruhigend.

In den meisten Interviews, insbesondere denen mit dem König des Äthers selbst, wird der Fragesteller als Aggressor angesehen. Selbst im Verhör scheint Jones nicht in der Lage zu sein, seine Aggressivität zu unterdrücken. Es ist sofort klar, dass er keine Ahnung hat, warum. Ein Leben voller Gesprächsthemen

Der Termin für das Vorstellungsgespräch steht fest. Anschließend schaut er auf meinen Notizblock und bemerkt: „Und da haben Sie zu viele Fragen." Ich werde nicht auf jede einzelne davon antworten, also gehen Sie bitte.

„Eine Frage, die ihn nach seiner Meinung zu ABC-TVs „Ich denke nicht darüber nach" fragt, lautet die Antwort, die Media Watch erhält. „Ich schaue es mir nicht an. Wie die meisten Australier." Auf die Frage, ob Jones wie sein Talkradio-Kollege John Laws glaubt, dass sein Status als Rundfunksprecher und nicht als Journalist ihn von jeglichen ethischen Standards entbindet, antwortet Jones: „Ich bin kein Journalist." Oh nein. Niemals, aber es gibt gewisse sichere Häfen, wie die unglaubliche Karriere, die ihn nach einem späten Start beim Radio im Alter von 44 Jahren zu seinem aktuellen Höhepunkt an Reichtum und Macht führte.

Jones, der 1941 geboren wurde und im ländlichen Queensland auf einer Milchfarm aufwuchs, erinnert sich an „Armut und Dürre". „Es war schrecklich", bemerkt er. „Hitze und Trockenheit, und das Vieh fällt tot um." Seine Mutter unterrichtete Blinde und Gehörlose, und er wollte auch Lehrer werden. Sie überzeugte mich, Lehrerin zu werden, weil sie meiner Meinung nach sehr hohe Ansprüche an den

Beruf stellte. Als ich dort aufwuchs, hatte ich jedoch nicht viele Karrieremöglichkeiten", sagt er. Jones behauptet, seine Familie sei nicht wohlhabend gewesen, obwohl er im Alter von dreizehn Jahren auf ein Internat geschickt wurde. „Meine Eltern haben alles aufgegeben, damit ich auf eine Privatschule gehen konnte, weil es keine andere gab, und sie sind gestorben, ohne Ferien gehabt zu haben."

Jones vollzog einen nahtlosen Übergang vom Internat zum Lehrer, und 1970 stellte ihn die King's School in Sydney von Brisbane Grammar ab, um ihr sehr erfolgreicher Rugby-Trainer zu werden. Obwohl Jones das normalerweise nicht so sieht, wurde er fünf Jahre später gebeten, die Anstalt zu verlassen. Ich glaube nicht, dass mein Lebensziel darin bestand, Lehrer zu werden. Es dauerte nicht lange, bis mir klar wurde, dass es dort eine Art Decke gab. Er sagt: „Mein Einstieg in die Politik erfolgte, weil ich tatsächlich Doug Anthony, den Sohn des stellvertretenden Premierministers, bei King's unterrichtet hatte." „Ich habe dreimal für das Parlament kandidiert, und jedes Mal waren sie klug genug, mich abzulehnen."

Obwohl er keine Wahl gewann, erregte er Aufmerksamkeit, und 1979 stellte Premierminister Malcolm Fraser ihn als Redenschreiber ein. Fraser war ein unglaublich hingebungsvoller Australier. Natürlich muss es Meinungsverschiedenheiten gegeben haben, aber Jones spricht nie öffentlich darüber. Er arbeitete „Tag und Nacht, ohne zu schlafen", aber wurde er dadurch Milliardär? "Ein Was?" „Oh, hör auf damit", schreit er. Warum glauben Sie, dass ich plötzlich Millionär geworden bin? (Ein Versuch, einen Kommentar zu einem Leben voller Gesprächsthemen abzugeben

Er schnaubt ungläubig angesichts des angeblichen Jahreseinkommens von 5 Millionen US-Dollar, bevor er fortfährt. „Ich hatte 42.000 US-Dollar pro Jahr." Auch Malcolm Fraser hatte die Angewohnheit, Kredite aufzunehmen. Ich hatte kein Geld und er bettelte ständig um 50 Dollar, obwohl er nie welche bei sich hatte. Er gab mir einmal mein Geld zurück; Es kostete 12,80 Dollar und ich behielt den Scheck. Es wird eines Tages versteigert.

Obwohl Jones von 1981 bis 1985 Geschäftsführer des Arbeitgeberverbandes von New South Wales war, wurde er kein Millionär. Als Trainer der Rugby-Nationalmannschaft der Wallabies war es ein völlig unbezahlter Nebenjob. Über seine Qualitäten als großartiger Anführer der Männer äußert sich Jones wortreich und sagt: „Ich denke, ich kann mit Bescheidenheit sagen, dass meine Teams größtenteils gewonnen haben." Wenn ich ein Talent habe, dann ist es das, das Beste aus anderen herauszuholen. Ich kann sie auch dazu inspirieren, ihre eigenen Erwartungen zu übertreffen.

Unerwartet erhielt Jones 1985 das Angebot, bei 2UE zu arbeiten, „ohne jemals bei einem Radiosender gewesen zu sein". „Ich denke, Sie sollten im Radio sein", antwortete Programmdirektor John Brennan, und alles ging seiner Meinung nach rasend schnell vonstatten. In einem chinesischen Restaurant wurde auf der Rückseite einer Serviette ein Geschäft abgeschlossen. Jones wird die dort hingekritzelten Zahlen nicht verraten, aber er war schnell auf der Suche nach mehr. „Ich habe geschwiegen, als David Maxwell, der damalige General Manager von 2UE, anfing, über Bewertungen zu sprechen, weil ich nicht wusste, was sie waren", behauptet er. Ich eilte zu John Brennan und erkundigte mich nach dem Zweck dieser Bewertungen. Ich habe erklärt, dass ich, ohne diesen Rating-Mist zu kennen, nicht einmal einen sinnvollen Diskurs führen kann.

Als sie sich wieder trafen, war Jones vorbereitet. Er stellte in Frage, was als gut galt, nachdem er erfahren hatte, dass seine Bewertungen „schlecht, nur zwei oder drei" waren. „Wenn du zehn hättest, würde ich sterben und in den Himmel kommen", bemerkte Maxwell. „Was ist der Anreiz, zehn zu bekommen?" Ich fragte. Ich hatte noch nie in meinem Leben 100.000 Dollar gesehen, bis er sagte: „Hören Sie, wenn Sie bis Ende des Jahres zehn bekommen, gebe ich Ihnen einen Bonus von 100.000 Dollar." Es war etwas, das ich noch nie mit sechs Figuren darin gesehen hatte. Und als wir bei der letzten Umfrage 10,2 erreichten, kamen sie und überreichten mir diesen Scheck. Es war wirklich beeindruckend.

Die zweite Zahlung, die Jones völlig umgehauen hat, war so hoch, dass er sich verpflichtet fühlte, sie zu dokumentieren. Das war im Jahr 2002, als ich von 2UE auf 2GB umgestiegen bin. Ich habe den Scheck entsprechend der Vereinbarung fotokopiert, dass ich einen Teil des Geldes im Voraus erhalten würde. Waren darin sechs Nullen enthalten? Oh, bitte, nein. Obwohl es keine sechs Nullen waren, gab es sechs Ziffern. „Nein, oh nein!", sagt er. Außerdem machte ich ein Foto von dem Scheck, den ich für den Golden Slipper erhalten hatte, den sein Pferd, Miss Finnland, gewonnen hatte, da ich nicht glauben konnte, dass der Sydney Turf Club mir einen Scheck über so viel Geld schickte. Ein Leben voller Gesprächsthemen. Ich glaube, es waren 3 Millionen Dollar. Jones behauptet, er sei überrascht, als Millionär angesehen zu werden, aber man kann davon ausgehen, dass er diese Schwelle irgendwann zwischen dem Beginn seiner Radiokarriere und 2002 überschritten hat.

Jones fällt es auch schwer, sich an den ersten teuren Artikel zu erinnern, den er jemals gekauft hat, und sagt: „Ich habe keine Ahnung." Nein. Ich glaube, dass ich der Extravagante meines Vaters bin. Höchstwahrscheinlich muss ich es nicht senden, da ich noch nie eins war

Melbourne Cup. Er hatte das beste Telefon oder war immer reisefreudig. an den ersten Premierenabenden in Schwarz

Ich habe immer darüber nachgedacht, zu binden. Schwarze Krawatte ist etwas, das ich verabscheue. Ich werde kritisiert, weil ich, wenn ich Geld hätte, alles dafür ausgeben würde, ihn zu schicken und Menschen etwas zu geben. Ich glaube, ich verrate ihm zu viel über den wahren König.

Er behauptet, sein Geschmack sei eher bescheiden und sagt: „Ich war noch nie jemand für Extravaganz." Ich brauche nicht das tollste

Telefon oder das Tragen einer schwarzen Krawatte am Eröffnungsabend. Schwarze Krawatte ist etwas, das ich verabscheue. Weil ich mein ganzes Geld für andere Menschen ausgebe, werde ich kritisiert. Ich glaube, dass ich etwas zu viel verrate. Ich sage ihnen jedoch, dass keiner von ihnen zwei Dollar wert ist, bis Sie diese Artikel teilen. Teilen ist das Einzige, was glücklich macht. Obwohl ich in einem wunderschönen Haus in den südlichen Highlands lebe, macht es mir am meisten Spaß, andere Menschen zu sehen, die vor dem Feuer einen Drink genießen. Ich weiß, dass sie es sich nicht leisten konnten, [allein] dort zu sein, aber es scheint ihnen trotzdem Spaß zu machen.

Drei Dinge, so Jones, weisen auf einen wohlhabenden Mann hin: „Man ist Millionär, wenn man Whiskey aus einem Kristallglas trinken kann, ein klimatisiertes Zimmer hat und eine Haushälterin hat, die einem bei all dieser Plackerei hilft." " „Das heißt, ich bin jetzt Millionär."

Er beharrt darauf, dass er im Leben alles verdient hat. Als bekennender Workaholic wacht er um 2:30 Uhr morgens auf. und schläft niemals auch nur fünf Stunden pro Nacht. „Jeder Geldbetrag"

Ich habe Whisky aus einem Kristallglas im Ärmel, wenn Sie einen Schluck von dem trinken können, was ich habe. Ich habe ein Glas, du hast ein klimatisiertes Zimmer, in dem du um zwei Uhr aufgewacht bist, und ich habe beleuchtet, dass du Millionär bist, und ich schalte es aus, weil du eine Haushälterin hast, die dir bei allem hilft, bevor es jemand anderes tut diese mühsame Arbeit. Das bedeutet, dass er jetzt nach allen anderen Millionär ist. sagt. Solche Abkürzungen gibt es nicht. Diese ganze Glückssache ist absurd. Sie müssen Ihr eigenes Glück schaffen.

Bedauert er also, dass er eine so bunte Karriere im Radio hinter sich hat? Er blafft: „Sehen Sie, ich lebe nicht in der Vergangenheit." Wir alle, ein Leben voller Gesprächsthemen

Erleben Sie Höhen und Tiefen im Leben. Wer bin ich, in Reue zu leben? Es gibt Menschen auf der Welt, die nicht gehen, sehen, hören oder sprechen können. Möglicherweise haben sie auch nie ein

Restaurant besucht oder einen Reisepass erhalten. Um wen sollen wir trauern? Wir sind wirklich gesegnet. Äußerst glücklich

Stephen Corby

Goldene Vorschriften

1. Erwarten Sie niemals, dass jemand anderes sich besser um Sie kümmert, als Sie können.
2. Misserfolg ist das Einzige, was man bekommt, wenn man nicht hart arbeitet.
3. Genießen Sie das Leben – glückliche Menschen sind in der Regel erfolgreiche Menschen.
4. Triff eine Entscheidung. Menschen, die sich ihrer selbst nicht sicher sind, scheitern. Sich für etwas einsetzen.
5. Verteilen. Wenn sich daraus etwas ergibt, teilen Sie es bitte mit.

Kapitel 16: Ein Teilschnitt und eine erprobte Leistung

Denis McFadden schlägt einfach zu; gegründet 1990 1500 Mitarbeiter; Über 80 Millionen US-Dollar Umsatz

Denis McFadden glaubte 2007, er sei in Gefahr. Es war die Bank, die anrief. Es war notwendig, in der Stadt zu sein. Es klang schrecklich. Es war jedoch Denis McFadden, der die Friseursalonkette Just Cuts gründete. Er reagierte auf die Aufforderung der Bank mit gestrafften Schultern, erhobenem Kinn und gegelten Haaren, egal um welches Thema es sich handelte.

Aber da stimmte etwas nicht. Es würde kein Treffen im Büro des Bankdirektors geben. Vielmehr sollte er kurz nach der Mittagszeit im Times on the Park auftauchen, einem eleganten Steakhouse im Sheraton Hotel in Sydney. Zwei weitere Bankkunden waren dort, als McFadden dort ankam. „Mir wurde klar, dass ich mit einigen äußerst wohlhabenden Leuten an einem Tisch saß, und mir kam der Gedanke, dass ich jetzt in die gleiche Kategorie eingestuft werden sollte", fügt er hinzu. Denis McFadden hatte überhaupt keine Schwierigkeiten; ganz im Gegenteil. Er hatte das Niveau des Reichtums erreicht, bei dem Bankmanager ihre höfliche Gleichgültigkeit aufgeben und eine Fürsorge an den Tag legen, die an Gehorsam grenzt.

McFaddens Vater verstarb nur zwei Monate nach seiner Geburt. In den nächsten zehn Jahren spricht er nicht viel. Aus seiner Sicht begannen seine frühen Jahre im Alter von elf Jahren, als seine Mutter einen Qantas-Piloten heiratete. „Ich hatte danach ein fantastisches Leben", behauptet er. Er ist im Vereinigten Königreich geboren und aufgewachsen, arbeitete zunächst als Friseur in London, bevor er seinen eigenen Salon am oberen Ende der Oxford Street in Marble Arch eröffnete. „Es war eine echte Mischung aus Leuten; es waren die Swinging Sixties, und wir waren sowohl mit den Kindermädchen als auch mit der Lady So-und-so beschäftigt", fügt er hinzu. Zehn Jahre lang lebte McFadden in London und schnitt dort dem englischen Adel die Haare.

Er heiratete eine Engländerin, die in dieser Zeit zwei Töchter bekam. Zusammen hatten sie zwei Söhne und die Familie zog Ende der 1970er Jahre nach Australien, weil sie der Meinung waren, dass dies eine bessere Umgebung für das Aufwachsen der Kinder wäre. Der Friseur McFadden begann in Hurstville. Er behauptet, dass es damals nur eine Art von Einrichtung gab: einen Chemiesalon mit umfassendem Service oder einen einfachen Friseursalon. Daher war meine ursprüngliche Idee im Jahr 1983 etwas in der Mitte – etwas mit mehr Reiz.

Die Kampagne des Hurstville Council zur Förderung lokaler Einkäufe brachte ihn auf die Idee. Mehr als hundert Menschen strömten in dieser Woche durch die Tür, nachdem McFadden an seinem Fenster ein Schild mit der Aufschrift angebracht hatte: „Wenn Sie mehr als 6 Dollar für einen Haarschnitt bezahlen, werden Sie beschnitten." „Ich hatte diese Leute schon einmal gesehen." Sie hatten sich erkundigt, ob wir Trockenhaarschnitte anbieten. „Nein, ich bin Künstler", würde ich antworten. Die Person sagte: „Ich muss es waschen und föhnen, und das kostet dich." Allerdings war die Person beschäftigt und hatte nur begrenzte Zeit, und sie wollte nur einen Haarschnitt. Nach dieser Beförderung wurde mir klar, dass es einen Haken gab – nämlich, dass es in der Gemeinde eine Nachfrage nach Menschen gab, die nur einen Haarschnitt brauchten.

Später verlegte er seinen Hauptsitz in das neue Einkaufszentrum von Hurstville. Er nahm die teuren Maschinen und die geplanten Kunden mit. Er zeigte ein Schild mit der Aufschrift „Just Cuts – 7 US-Dollar", da sein Mietvertrag am vorherigen Standort noch drei Monate läuft, aber er benutzte weiterhin seine erschwinglichen Schneideplotter weiter unten auf der Straße, obwohl er seine künstlerischen Unternehmungen in seinem Salon genoss. Er schrieb kurze Skripte, die sie lesen konnten, um Daten von den Leuten zu sammeln, die auf das 7-Dollar-Angebot geantwortet hatten. McFadden war neugierig auf diese Kunden. Wer waren die Menschen, deren Haare ihnen eigentlich egal waren? Und warum waren sie so zahlreich? Auch in diesem Spätstadium der 1980er Jahre betrachtete er seinen Full-Service-Salon weiterhin als sein Hauptgeschäft. McFadden würde jedoch bald aufgeben. Er traf sogar einige der Mitarbeiter des Unternehmens und befasste sich mit Franchising, bevorzugte jedoch einen einfacheren Geschäftsplan. Als seinen ersten Franchisenehmer stellte er einen jungen Friseur ein. Ihr Vater, ein wohlhabender Immobilienentwickler, befragte McFadden zu Geschäftshandbüchern und Franchising-Vereinbarungen, nachdem sie ihn mit der Idee angesprochen hatte, alleine mit seinem Just Cuts-Modell zu arbeiten. McFadden begann zu schreiben und entwickelte eine einfache Formel. „Wir haben uns einen Pauschalpreis ausgedacht, der sich auf nur zwölf Haarschnitte pro Woche beläuft", sagt er. „Bei diesem ersten Franchisenehmer musste ich zwölf Haarschnitte pro Woche bar bezahlen, und ich glaube, dass die Kosten für einen Haarschnitt damals 11 US-Dollar betrugen."

Deshalb wurde er 1990 Franchisegeber. Mir wurde klar, dass ich mein Ziel, ein einfaches Leben zu führen, nur mit einer großen Anzahl von Franchisenehmern erreichen konnte. Indem ich herausfand, was meine Franchisenehmer wollten, habe ich es geschafft. Am Anfang interessierten sie sich für Lifestyle. „Ich habe mit alleinerziehenden Müttern gearbeitet, die vier Kinder hatten und deren größter Wunsch es war, Zeit mit ihren Kindern zu verbringen", erklärt er. Es ist jetzt etwas anders. Sie haben Kosten. Eine Hypothek und ein großes Haus. Kinder, die Privatschulen besuchen. Man sagt, dass sie zwischen 150.000 und 200.000 US-Dollar pro Jahr verdienen müssen, und das Franchising macht das zu einer Herausforderung. Wir können nichts garantieren, da sie möglicherweise in ein paar Jahren zurückkehren und eine Klage einreichen. Dadurch wird es immer schwieriger.

Daher entschloss sich McFadden, als Reaktion auf den wirtschaftlichen Abschwung einige Anpassungen vorzunehmen: „Wir haben Saatchi & Saatchi für eine Rebranding-Übung an Bord geholt, während alle noch hockten." Wir wollten ein neues Image, genau wie Woolworths, um sicherzustellen, dass wir gut aussehen, wenn der Aufschwung beginnt.

Auch wenn sein Geschäft Bestand hat, kann er es sich nicht leisten, selbstgefällig zu werden. Die gute Nachricht ist, dass Haare sowohl in guten als auch in schlechten Zeiten wachsen, aber die Konkurrenz hat zugenommen. In mehreren Einkaufszentren, in denen wir ansässig sind, hat unser Geschäft aufgrund eines Kundenrückgangs etwas gelitten. Wir müssen auf dem Markt ein wenig aufsteigen und mehr über den Service als über den Preis konkurrieren. Für die nächsten zehn Jahre gilt es, innovativ und aktuell zu bleiben. Zwischenzeitlich lag das Unternehmenswachstum im Geschäftsjahr 2008/09 noch bei etwa 10 %.

Nachdem McFadden zwei Salons geschlossen hat, von denen er behauptet, dass sie ohnehin zu schwach waren, wird er drei weitere an verschiedenen Standorten eröffnen, die alle das neue Ladendesign und die neue Marke haben werden. Darüber hinaus erweitert er seine Produktpalette, indem er Do-it-yourself-Färbesets in Salonqualität für 14,95 US-Dollar verkauft, im Gegensatz zu den 200 US-Dollar, die viele Färbeverfahren im Geschäft kosten.

„Es geht darum, wettbewerbsfähig, einfallsreich und praktisch zu sein", sagt er.

Noch immer erhält er jede Woche zwei bis vier Bewerbungen für potenzielle Franchisenehmer. Wenn sie in Just Cuts investieren, zahlen sie im Voraus zwischen 150.000 und 200.000 US-Dollar. Der Eigentümer muss die restlichen Mittel beschaffen. Das Unternehmen verfügt über eine kleine Gruppe von Banken, die bereit sind, Franchisenehmern 50 % zu leihen. Die Mittel decken McFaddens Honorar, Einrichtung, Eröffnungsstrategie, Ladenausstattung und eine

Monatsmiete im Voraus ab. Siebzig Prozent der Just Cuts-Franchisenehmer besitzen mehrere Standorte, wobei der durchschnittliche Franchisenehmer 2,4 besitzt, obwohl einer vierzehn besitzt. „Geldverdienen ist die Hauptpriorität, nicht das Ego", behauptet McFadden.

Mit 174 Salons in Australien, Neuseeland und Indien ist er eindeutig erfolgreich. Die örtlichen Besitzer von McFaddens Salons in Australien zahlen ihm jede Woche 288 US-Dollar, was mit 150 Salons multipliziert werden kann, um das gewünschte wöchentliche Einkommen von 43.000 US-Dollar sowohl in Neuseeland als auch bei den kürzlich in Neu-Delhi gegründeten Just Cuts zu erzielen, und der Künstler aus Marble Arch scheint dies getan zu haben sehr geschickt das goldene Vlies des Franchisings abgezogen. Es ist auch nicht allzu schwierig, die Kosten niedrig zu halten. „Ich brauchte die Zahlen, um Geld zu verdienen, und wenn es 174 sind, summiert sich das." In McFaddens Büro sind sieben Personen. Seine Franchisenehmer werden nicht von Wirtschaftsprüfern überwacht; Stattdessen pflegt er den Kontakt zu ihnen über den Franchisenehmerbeirat, der etwa fünfmal im Jahr zusammenkommt.

Das 32 Hektar große Grundstück, das er vor zwei Jahren in den südlichen Highlands von New South Wales kaufte, ist das offensichtlichste Symbol seines persönlichen Wohlstands. McFadden ist zwar Friseur, aber er genießt es, Spaß zu haben. Er arbeitet drei Tage die Woche, von Dienstag bis Donnerstag, und hat eine Kettensäge, einen Traktor, ein Motorrad und ein Quad. Dann muss es passieren, wenn sein Bankier ihn zum Mittagessen in die Stadt einladen will.

Peter GoSNell

Goldene Vorschriften

1. Nutzen Sie die Rezession, um Ihre Marke neu zu gestalten.
2. Schließen Sie Veränderungen niemals aus; Vermeiden Sie es,

in einem Muster festzustecken.

3. Beenden Sie Ihre Aufgaben.
4. Betrachten Sie Ihr Unternehmen aus einer globalen Perspektive.
5. Denken Sie breit und mit Leidenschaft.
6. Geben Sie Ihren Kunden, was sie sich wünschen, und Sie erhalten im Gegenzug, was Sie sich wünschen.

Kapitel 17: Ausgezeichnete Arbeit

McManus, Andrew, wurde im Jahr 2000 mit 18 Mitarbeitern und einem Jahresumsatz von 80 Millionen US-Dollar gegründet

Tatsächlich steckt in jeder Geschichte etwas Wahres. Tommy Lee, der Schlagzeuger von Mötley Crüe, ist manchmal der feierfreudigste Mann der Welt. Andrew McManus, ein Rock-Promoter, hat die Narben, die das beweisen. „Als sie das letzte Mal hier waren, haben Tommy und ich uns gut verstanden und uns drei Tage und Nächte lang verlaufen", seufzt McManus. Er wollte nur weitermachen.

Für mich war er zu gut. Ich musste die weiße Flagge hissen, weil ich nicht weitermachen konnte. Normalerweise kann ich mit diesen Typen gut rumhängen, aber dieser Mann ist ein echter Charakter.

Bei McManus' Arbeit trinkt er mit den schlimmsten Rocktypen und versucht, sie zu kontrollieren, aber er behauptet, dass die härtesten Leute, mit denen er jemals zu tun hatte, eher Wrestler als Rockstars seien. Er und Kiss' Manager, Doc McGee, erkannten bereits im Jahr 2000 das Potenzial, Wrestling nach Europa zu bringen. Sie nahmen 58 „große, verrückte Typen" vom World Championship Wrestling auf, „einige Zwerge, einige Wrestlerinnen und einen Typen namens Big". Poppa-Pumpe. McManus kichert: „Sie feiern wirklich hart – wie sie das machen, hat mich erwischt." Anschließend müssen sie tagsüber im Fitnessstudio trainieren. Sie lassen das Wrestling so auf Hochtouren, dass sie sich auf den Weg in die Clubs machen. Sie sind ein echter Hit in den Clubs.

Der Ka-Ching-König des Wrestlings, Vince McMahon, erkannte, dass McManus und McGee sein Potenzial ausschöpften, und begann, sein A-Team herüberzuschicken, nachdem sie im Wesentlichen WCW gekauft hatten und ein Jahr lang volle Stadien in ganz Europa hatten. Wir ähnelten einem zwanzig Pfund schweren Affen, der einem fünfhundert Pfund schweren Gorilla gegenüberstand. „Er hat uns einfach verschlungen", behauptet McManus. Es war eine der seltenen

Gelegenheiten in McManus' hochriskanter Karriere, dass er einen Rückwärtsgang machen musste.

Bemerkenswerterweise ist McManus kein abgestumpfter Rockstar. Als ich zwölf oder dreizehn Jahre alt war, besaß mein Onkel eine Kneipe und ich wollte nur ein Hotel leiten. Mit siebzehn Jahren absolvierte er ein vierjähriges Management-Trainee-Studium. Er beeindruckte seine Dozenten so sehr, dass es ihm im Eilverfahren gelang, nach zwei Jahren seinen Abschluss als stellvertretender Manager in Townsville zu machen. Ich habe den Lebensstil und seine Fähigkeit, zu kommen und zu gehen und Geld zu verdienen, wirklich genossen. Er wurde der jüngste Lizenznehmer des Landes, als ihm im Alter von 21 Jahren die Leitung des Rose Bay Hotels übertragen wurde. Ich war in den achtzehn Monaten, in denen ich es hatte, in es verliebt. Wir haben den wöchentlichen Umsatz von 27 Millionen US-Dollar auf 60 Millionen US-Dollar oder mehr gesteigert. Allerdings habe ich mich selbst ausgetrickst. Die Eigentümer haben es mir verkauft, weil wir so viel Geld verdienten, und ich habe meinen Job verloren.

Zum Glück erfuhr McManus' Bekannter als Buchmacher von seiner Situation und vermittelte ihm einen Job im Coogee Bay Hotel. Sie fragten mich: „Weißt du etwas über Musik?" als sie mich anriefen. „Absolut nichts", antwortete ich, und sie antworteten: „Der Typ, der Selina's leitet, auch nicht." Wann möchten Sie beginnen? Das war im Jahr 1981. McManus machte den Live-Rock-Veranstaltungsort im Laufe der folgenden sieben Jahre zu einer Ikone Sydneys und zu einem bedeutenden Umsatzbringer für das Hotel.

Die Divinyls, eine seiner Stammbands, baten 1985 um Unterstützung, da sie nicht genug Geld für ihre gesamte Arbeit verdienten. Er erinnert sich: „Sie sagten mir, sie würden so hart arbeiten, aber nie Geld verdienen." Ich sagte: „Ich zeige dir, wie du Geld verdienst, wenn du mir drei Shows gibst." Sie glaubten nicht einmal, dass wir zwanzig verdienen könnten, aber wir verdienten siebenundvierzigtausend Dollar. „Sie erhalten 20.000 US-Dollar und ich behalte alles, was wir darüber hinaus verdienen." Anschließend leitete er die Divinyls sieben Jahre lang und hatte in dieser Zeit mit „I Touch Myself" einen internationalen Hit. McManus war bereit, 1995 weiterzumachen.

Zum ersten Mal in seinem Leben nahm er sich ein Jahr frei. „Ich war noch kein Millionär, aber ich konnte es mir leisten, einfach abzuhängen", sagte der Autor. „Diese Divinyls-Sache war nur eine Trainingsübung", behauptet er.

Während seines verlängerten Sabbaticals dachte er über Alternativen nach. Ich hatte weder eine Ausbildung noch einen Abschluss. Mein kleines schwarzes Buch war alles, was ich hatte, also rief ich ein paar Freunde an und fragte, was ich tun sollte. Einer von ihnen empfahl mir, Promoter zu werden. Die International Touring Company wurde von McManus gegründet, weil der Schlagersänger Barry Manilow zufällig eine brauchte. ITC war so erfolgreich, dass Abigroup es kaufte und im Jahr 2000 seinen Gründer entließ. Ich erinnere mich, dass ich mich gefragt habe: „Wie können sie das tun, wenn es mein Unternehmen ist?" Und nach 48 Stunden hatte ich Andrew McManus Presents eingerichtet.

McManus entwickelte im nächsten Jahr das Konzept für Kiss Symphony. Er beschreibt dies als „den Höhepunkt meiner Karriere und als ich meine erste Million verdiente" und bezieht sich dabei auf seinen Durchbruch. Zum Glück war er bereits mit Kiss liiert. „Paul Stanley und Gene Simmons sind ausgezeichnete Geschäftsleute." Sie nutzten die Chance, symphonisch zu werden und das Melbourne Symphony Orchestra für das Kiss-Make-up zu nutzen. An diesem Abend erreichten wir unsere erste Million Aufrufe und McManus fügt hinzu: „Ich war begeistert, 37.000 Menschen in einer meiner Shows begrüßen zu dürfen."

Der Veranstalter, der einen weißen Rolls-Royce als ersten protzigen Gegenstand angibt, den er gekauft hat, ist der Meinung, dass die meisten zeitgenössischen Rockbands Pearl Jam nacheifern, indem sie ihre Acts wie Unternehmen behandeln. Manche Menschen werden nie erwachsen. Sie wollen nur Drogen nehmen und trinken. Man kann solchen Bands nicht zu viele Tage frei geben, sonst geraten sie ins Schwitzen und man riskiert, sie zu verlieren.

Im Laufe der Jahre ist McManus auch einer ganzen Reihe ungewöhnlicher Fahrer begegnet (die Liste der Anforderungen, die ein Act zur Vorbereitung einer Tour stellt). „Stevie Wonder liebt es einfach zu pissen." Er fragt zum Beispiel ständig nach Handtüchern, die hell und lila sind. Natürlich gab er den Forderungen ihrer Band nur allzu gern nach, solange sie damit einverstanden waren. Fleetwood Mac, den Stevie Wonder verehrt, ist seit jeher das Unternehmen, das die meisten violetten und orangefarbenen Anfragen erhalten hat: 14 Millionen US-Dollar für Ionenhandtücher, zum Beispiel bei 14 ausgebuchten Vorstellungen. Dank Luciano Pavarotti hält McManus mit 3 Millionen US-Dollar auch den Rekord für den höchsten Take aus der Acer Arena in Sydney an einem einzigen Abend.

Das Unternehmen wurde von der Finanzkrise stark getroffen, wobei das ältere Publikum besonders stark betroffen war. „Sie geben nichts aus, weil ihr Einkommen und ihre Superfonds hart getroffen wurden", behauptet er. „Jugendacts sind immer noch beliebt, weil die Zielgruppe jung ist und noch etwas mehr Geld hat, weil sie noch zu Hause wohnen."

McManus agiert deutlich konservativer als er es gewohnt ist und hat die Ausgaben wo immer möglich gekürzt. „Ich hätte die Luken auf jeden Fall früher schließen sollen, aber obwohl meine Nachforschungen ergaben, dass sie gut abschneiden sollten, habe ich New Kids on the Block gebucht, und sie sind kläglich gescheitert. „Wir haben dort einen großen Verlust erlitten", sagt er.

Ich achte jetzt mehr auf Details und bin bei den Ticketpreisen rücksichtsvoller. Wenn Sie zu viel verlangen, können Sie sogar die größten Namen deaktivieren.

Laut McManus baut er das Unternehmen derzeit aus und legt großen Wert auf „virale" Marketinginitiativen, die zwar kostengünstig, aber bei richtiger Umsetzung recht erfolgreich sind.

Es geht nicht nur darum, mit Prominenten abzuhängen und bei der Werbung Abstriche bei ihren Einnahmen zu machen. „Es ist eine äußerst gefährliche Branche mit einer übermäßigen Anzahl hochrangiger Förderer." Jemand anderes werde ein bestimmtes Band kaufen, wenn man nicht genug dafür bezahle, behauptet er. In dieser Branche zählt nur Geld; Loyalität ist nicht vorhanden und Sie riskieren zu hohe Ausgaben und finanzielle Verluste. Und leider habe ich das erlebt.

Er behauptet, dass Bands wie Fleetwood Mac und Kiss nicht wie andere Bands seien, da sie einander treu seien und ich weiß, wie viel Geld sie wollen. Ich behaupte nicht, dass ich Glück hatte, aber ich hatte ein großartiges Leben und habe einige wundervolle Freundschaften geschlossen, und durch sie ergeben sich neue Möglichkeiten.

Neben seinen Rolls beschäftigt sich McManus auch mit Glücksspielen. Er hat einen Bentley und ein Paar Mercedes. Erst letztes Wochenende gewann er 154.000 US-Dollar beim Double Geelong/Melbourne Storm. Es scheint, dass er ein Mann ist, der nie verliert – bis er mit Tommy Lee etwas trinken geht.

Stephen Corby

Goldene Vorschriften

1. Woran Sie denken, wird zu dem, was Sie sind. Schauen Sie niemals zurück und empfinden Sie Bedauern.
2. Schauen Sie immer nach vorne, nie zurück.
3. Mit Geld allein kann man nicht zufrieden sein. Abgesehen von dem Luxus, den man mit Geld kaufen kann, sind Freunde das Wichtigste. Sie werden erfolgreich sein, wenn Sie sich mit hervorragenden Menschen umgeben.

4. Nutzen Sie Kreativität in Ihrem Marketing.

5. Sie sind der Einzige, der Verantwortung für die Entscheidungen übernehmen kann, die Sie im Leben treffen.

6. Seien Sie anpassungsfähig und bereit, sich den Veränderungen der Wirtschaft anzupassen.

Kapitel 18: Der Anführer mit dem Raum

Michael David Bite Me Burger Co. wurde 2007 gegründet und beschäftigt 80 Mitarbeiter. Der geschätzte Umsatz, einschließlich der zweier anderer Unternehmen, beträgt 18,5 Millionen US-Dollar. Von einem Casino in Las Vegas für David Michaels, einen Künstler, der zum Unternehmer wurde und Gründer von Bite Me, Sydneys neuestem Fast-Food-Restaurant, sind die Rollen wie Kurse vom König zum Burgerbaron. Für den in Großbritannien geborenen Milliardär, der sich an Richard Branson orientiert und täglich zwei Mittag- und zwei Abendessen zu sich nimmt, ist das Leben ein einziges großes Fest. Er gibt freudig zu: „Manchmal esse ich sechs Mahlzeiten und veranstalte danach eine Cocktailparty." Es ist mir eine Freude, auswärts zu essen.

Obwohl er seit der Gründung des ersten Bite Me-Burgerladens im Jahr 2007 ein paar Kilo zugenommen hat, ist Michaels immer noch recht schlank gebaut. Sein Körperbau und seine unerschütterliche Vitalität strahlen nur unhöfliches Wohlbefinden aus. Vielleicht hält ihn sein geschäftiger Lebensstil in Form. Seine anfängliche Schlussfolgerung, dass es in Sydney an qualitativ hochwertigen Burgern mangelt, führte zur Gründung von Bite Me – im Star City Casino –, obwohl viele, insbesondere außerhalb der Innenstadt, entschieden widersprechen würden.

In seinem offenen Büro im ersten Stock in Paddington herrscht reges Treiben. Drei Frauen, allesamt akribisch lässig gekleidet, reden über die Einrichtung einer Cocktailbar an einem Tisch. Die relativen Vorteile von Cocktailstößeln oder Zerkleinerungsstäben aus Hartholz im Vergleich zu solchen aus Edelstahl werden diskutiert. An einem anderen Tisch arbeiten Mitarbeiter von Michaels Designfirma BEE (Brand Environment Experiential) hart daran, Materialien für verschiedene Projekte zusammenzustellen, beispielsweise für die Eismarke Pat & Stick's. Eine Reihe gepflegter Smart-Fahrzeuge in der roten und schwarzen Bite-Me-Lackierung parken unten auf der Fahrspur.

Obwohl Michaels größtenteils ein Designexperte ist und Bransons Sorge um die Macht von Marken teilt, begann er seine kommerzielle Karriere mit dem Verkauf von Alkoholtestern. „Mein erster finanzieller Gewinn kam, als..."

„In England war ich neunzehn", sagt er. Als ich die Theaterschule verließ, wurde mir klar, dass ich schrecklich mit Geld umgehen konnte. mutiger Junge aus dem Norden Ich bin ein kreativer Mensch, der Ideen aus London angeht. Ich bin nicht jemand, der mit Geld zu kämpfen hat. Der Hersteller schlägt vor, seine überschüssigen Alkoholtester-Anteile gegen einen Anteil von 50 % zu verkaufen. Das Unternehmen stimmte zu und laut Michaels verdiente er seine erste Million Pfund, indem er die Geräte neu verpackte und als Weihnachtsgeschenke für Weihnachten anbot. Das Geld wurde innerhalb von zwei Jahren für Boote, Fahrzeuge, Freunde, Schmuck und Wohnungen ausgegeben.

Er sagt: „Das bereue ich nicht." Es war ein Merkmal der Jugend. Durch die Verschwendung eines Vermögens wurde mir jedoch meine eigenen Grenzen bewusster. Ich kann schrecklich mit Bargeld umgehen. Ich bin ein fantasievoller, kreativer Mensch. Ich kann nicht sehr gut mit Geld umgehen. Seitdem bin ich mir sicher, dass ich mich mit fähigen Leuten umgebe, die die Aspekte des Geschäfts bewältigen können, in denen ich nicht so kompetent bin. Dazu gehören der Cashflow und die Finanzen.

In seinen frühen Zwanzigern reiste er in die USA und ließ sich schließlich in New York und Los Angeles nieder, wo er als Darsteller (oder Mitarbeiter) bei Disney arbeitete. Er hatte keine formelle Erfahrung und war überhaupt nicht in der Lage zu zeichnen, dennoch trat er sofort dem Designteam des Unternehmens bei und begann, Pläne für zukünftige Themenparks und andere Projekte zu entwerfen.

Später verschaffte er sich dank seines schnellen Redens und seiner Mischung aus kreativem Scharfsinn den Einstieg als Designberater in das lukrative Casino-Geschäft in Las Vegas. „Es ist ein unglaublicher Ort, Las Vegas", bemerkt er. Ich war ziemlich oft dort. Ich wollte nur wissen, was das Vegas-Konzept als Ganzes antreibt.

Bite Me bietet einen Hauch von Freizeitpark-Casino mit urbanem Flair. Die Speisekarte wurde in Zusammenarbeit mit der renommierten Köchin und kulinarischen Autorin Kim Terakes zusammengestellt und umfasst Gerichte wie Pluck Me (Hähnchen), Soft Prawn und Beef Encounter. Für Sie und mich ist der Great Australian Bite eine Anspielung auf die regionale Burgerkultur – „Eins mit dem Los". Es handelt sich um eine etwas höhere Verpackung, etwa 12 cm hoch, mit einer Bite Me-Flagge oben drauf, mit Alle richtigen Zutaten in einer etwas schmaleren Verpackung. Chips kommen dicht verpackt in kleinen Einkaufswagen. Michaels gibt zu, dass ihn der Aussie-Burger ein wenig verwirrt, weil er Rote Bete nicht mag und nicht versteht, warum Ananas darauf ist.

Er versteht auch nicht wirklich, wie er so reich werden konnte. „Es ist unmöglich, einen einzelnen Faktor für den Erfolg zu benennen", argumentiert er. Obwohl Michaels Millionen von Dollar wert ist, behauptet er, er halte sich nicht für reich: „Reich bedeutet für mich Bill Gates und Donald Trump." Vielmehr glaubt er, dass dies das Ergebnis einer Vielzahl von Initiativen, Unternehmen und Beteiligungen an vielen Aufgaben ist. Ich glaube nicht, dass es am Geld liegt. Die Freude, etwas Neues zu erschaffen, steht im Mittelpunkt des Spiels. Zugegeben, Geld gibt einem Freiheit, aber mein Wunsch ist es, jeden Tag aufzuwachen und etwas zu schaffen. Das ist es, was mir Freude bereitet.

Das Konzept ist von entscheidender Bedeutung für Michaels' Arbeitsweise, bei der er „mit gekreuzten Beinen auf dem Boden sitzt und im Kopf zeichnet", während er die Aufgabe professionellen Designern überlässt. „Ich bin ein Ideenmensch, wenn ich in einem Satz zusammenfassen müsste, wer ich bin", erklärt er. Freunde – und die

Gelegenheit, eine Wohnung in Kent Wealthy zu kaufen, was meiner Meinung nach eine Straße mit Blick auf Donald King Street Wharf und Bill Gates Trump bedeutet. Es scheint nicht auf einer Seite zu liegen, was die Finanzen betrifft. Es dreht sich alles um das Spiel, die Spannung, mit Opera House etwas Neues zu schaffen.

Er lehnt das Franchise-Modell ab und beabsichtigt, die Marke nach der Eröffnung weiterer vollständig eigener Geschäfte in Australien nach China, den USA und Europa zu expandieren. Zu seinem Terminkalender gehört auch die Rückkehr ins Kino mit einem großen Eisstück namens „Cirque du Soleil trifft Torvill und Dean". Diese Unternehmungen, zusammen mit weiteren Casino-Unternehmungen in Macau und Las Vegas, sorgen dafür, dass er ständig unterwegs ist.

Er versteht es offensichtlich, wie man eine gute Zeit auf einer Party hat und schätzt sie, aber er scheint nicht der Typ zu sein, der in längere Entspannungsphasen abgleitet. Eines der wenigen persönlichen Interessen von Michaels ist das Fernsehen; Zu seinen Lieblingssendungen zählen Oprah, Boston Legal, The Sopranos und EastEnders.

Wenn er sagt, dass es im Geschäft nicht nur darum geht, Geld zu verdienen, und dass man es nicht machen sollte, wenn es keinen „Spaß" macht, dann scheint er das ernst zu meinen. Er lacht: „Ich weiß nicht, ob es totaler Wahnsinn oder ein getriebener Mensch ist." „Es wird nie etwas erledigt." Ich lerne ständig dazu und es ist eine ständige Arbeit.

Jim Dickinson

Goldene Vorschriften

1. Beziehungen: Es ist wichtig, mit den Menschen auszukommen, mit denen Sie arbeiten und Geschäfte machen. Machen Sie sich keine Sorgen, wenn die Chemie nicht stimmt.
2. Leidenschaft: Meine Arbeit muss meine Aufmerksamkeit

erregen, damit ich sie mit Leidenschaft ausüben kann. Ich wäre nicht daran interessiert, Klimaanlagen zu verkaufen, selbst wenn Sie mir sagen würden, dass wir damit ein Vermögen verdienen könnten. Das Leben ist zu kurz und zu langweilig.

3. Innovation: Ich muss neue Ideen entwickeln, meine Fantasie nutzen und darf mich nicht so einschränken lassen. Zielen Sie immer hoch, aber wenn nötig, gehen Sie einen Schritt zurück.

4. Spaß: Alles hat keinen Sinn, wenn es keinen Spaß macht. Jeden Tag möchte ich mich auf das Aufstehen freuen.

5. Vielfalt ist der Geschmack des Lebens, also begrüßen Sie Vielfalt – ich weiß, dass es ein Klischee ist. Es macht mir Spaß, eine Reihe laufender Projekte und Schwierigkeiten zu bewältigen.

Kapitel 19: Zeigt den Platz für eine neuartige Methode an

Jennifer Nelson

Im Jahr 1982 beantragte die 23-jährige Jennifer Nielsen – die Königin der Immobilienkredite – ihre erste Hypothek gemeinsam mit einer Freundin, die ledig war und ebenfalls vor ihrer Heirat eine Immobilie erwerben wollte. Nielsen lacht, als sie erzählt: „Ich weiß nicht, ob der Bankdirektor dachte, wir wären Lesben, aber ich erinnere mich, dass er das sehr seltsam fand." „Mittlerweile ist der gemeinsame Immobilienkauf für Freunde eine alltägliche Angelegenheit."

Der ungewöhnliche Kreditantrag wurde genehmigt, und Nielsens erster Schritt auf dem Weg zu einem Gewinn von 1 Million US-Dollar aus klugen Immobiliengeschäften in Sydney und Brisbane war das Grundstück, das sie und ihr Kumpel kauften. Ich kaufe und verkaufe gerne Immobilien und hatte damit Erfolg, insbesondere in Queensland. Allerdings hatte Kenny Rogers recht, als er in dem Lied „The Gambler" sang: „Du zählst nie dein Geld, wenn du am Tisch sitzt."

In einem komplizierten Kreditmarkt, der derzeit von Kreditengpässen dominiert wird, unterstützt der Topmanager von X Inc Mortgage Brokers andere dabei, dasselbe zu tun, nachdem er persönlich die finanziellen und befriedigenden Vorteile einer Immobilieninvestition erlebt hat. Trotz der Unsicherheiten stellt X Inc. jeden Monat bis zu dreißig neue Makler ein, nachdem es seinen Marktanteil durch die Fusion mit Ray White Mortgages im vergangenen Jahr nahezu verdoppelt hat. Bis 2010 hoffen Nielsen und ihre Geschäftspartner John Kolenda und Dean Rushton, sich als Australiens größter Hypothekenmakler zu etablieren. Sie erklärt: „Unser Ziel ist es, in jedem Immobilienbüro im ganzen Land einen Hypothekenmakler zu haben."

Wie kam sie also von klein auf alt? X markiert den Platz für einen neuen Ansatz: Vom Käufer zum Hypothekenmagnaten, 139 Häuser? „Man kann leicht denken, dass eine Geheimformel oder die Genialität einer Person der Grund für den Erfolg ist", fügt Nielsen hinzu. Am Ende kommt es auf Sorgfalt und in unserem Fall auf das Erkennen einer Marktnische an. Wir zielten auf die AB-Demografie bzw. den Angestelltenmarkt ab. Wir haben Dinge für sie geändert. Es ist leicht zu glauben, dass es aus diesem Grund für solche Makler viel akzeptabler ist, Kredite zu vergeben.

Darüber hinaus in der Herausforderung einzelner Genies oder eines Geheimrezepts. Wenn die Bereitstellung einer solchen Dienstleistung tatsächlich viel Arbeit erfordert, ist sie umso vorteilhafter – und in unserem Fall kommt es auf die Identifizierung an. Die Menschen brauchen eine Lücke auf dem Markt, weil es komplex ist, mit jemandem wie einem Makler zu sprechen, um die Finanzierungsalternativen und die wahrscheinlichen Ereignisse zu erläutern. Für eine unvoreingenommene Beratung wenden sie sich an Hypothekenmakler.

Es hört sich an, als hätte sie ihr ganzes Leben im Finanzwesen verbracht. Allerdings hätten Nielsens Ausgangspositionen nicht weiter von diesem Bereich entfernt sein können. Auf einem Tigergarnelenkutter in den Gewässern zwischen Cairns und Groote Eylandt war sie Köchin und Decksfrau. Sie arbeitete früher als regionale Verkaufsleiterin für die Gelben Seiten. Dennoch lernte sie in beiden Rollen, wie man ein Unternehmen leitet und andere motiviert. Ich habe Erfahrungen in der Mitarbeit auf dem Trawler gesammelt. Es gab Zeiten, in denen das Boot buchstäblich untergehen konnte, wenn jemand seinen Teil nicht tat. Ich kann nicht sagen, dass es so schrecklich war wie die TV-Serie Deadliest Catch. Bei den Gelben Seiten war ich ein freundlicher Diktator, aber ich habe auch gelernt, zuzuhören. Für mich gab es nichts zu tun.

Später arbeitete Nielsen als Personalberater eng mit Rushton und Kolenda zusammen, die damals Führungskräfte bei Aussie Home Loans waren. Sie luden sie ein, sie 2004 bei der Gründung von X Inc. zu unterstützen. Sie war von ihrem Fachwissen so überzeugt, dass sie sich auf ihr Studium konzentrieren konnte. „Ihre Kompetenz hat mich von großem Druck befreit", sagt Nielsen. Eine neue Branche von oben zu erlernen ist weitaus schwieriger als von unten. Da Ihre Mitmenschen über mehr Wissen verfügen als Sie selbst, verändert dies Ihren Führungsansatz.

Nielsen nutzt ihr Wissen über den Garnelentrawler für ihre Arbeit in der schnelllebigen Bankenbranche. Obwohl es einen Kapitän gibt, sind beim Wellensurfen alle an Deck. „Mit begrenzten Ressourcen haben wir unsere Marke entwickelt", behauptet sie. Es sieht jetzt einfach aus, aber der Gleichstellungsgedanke gilt weiterhin: „Ich habe ein Großraumbüro." Wir wurden [von Aussie Home Loans wegen Personaldiebstahls] verklagt, als wir noch keine zwei Minuten alt waren, und eine große Bank wollte nicht mit uns kooperieren, bis dieser Fall geklärt war. Ich persönlich beantworte Rückrufe. Meiner Meinung nach ist es eher ein Luxus als eine Notwendigkeit, einen persönlichen Assistenten zu haben. „Und wenn man sich mit Assistenten umgibt, stehen sie zwischen einem und der realen Welt."

Auch Nielsens Managementansatz hat sich seit der Geburt eines Kindes weiterentwickelt. Sie nimmt ein Kindermädchen, das in der Wohnung über ihrem Büro in Surry Hills in Sydney wohnt, um sich um ihr vierjähriges Kind zu kümmern, während sie zwischen Brisbane und Sydney pendelt. Mittlerweile hat sie großes Einfühlungsvermögen für Kollegen, die auch Eltern kleiner Kinder sind. „Nachdem ich meinen Kaiserschnitt geplant hatte, verlor ich jegliche Kontrolle über die Erziehung meiner Kinder!" Ich fordere die Mitarbeiter jetzt auf, sie „ins Büro zu bringen", wenn sie Bedenken hinsichtlich der Kinderbetreuung haben. Wenn das vorher nicht passiert wäre, hätte ich die Zähne zusammengebissen und im Geiste die verlorene

Produktivität gezählt. Ich weiss jetzt. Das Schwierigste war für mich, mein Berufsleben mit den Bedürfnissen meines kleinen Sohnes und meines Ehepartners, der ein multinationales Unternehmen besitzt, in Einklang zu bringen. Ich glaube wirklich, dass es entscheidend ist, das Gleichgewicht zu wahren, und ich liebe meine Familie.

Kerrie Davies

Goldene Vorschriften

1. Bleiben Sie in der Gesellschaft derjenigen, die in der Gesellschaft Ihrer Kunden sind.
2. Jeder Verbraucher sollte so behandelt werden, als wäre er der letzte, den Sie jemals haben werden.
3. Bewahren Sie Ihr gesamtes wichtiges geistiges Eigentum intern. Ziehen Sie es nicht aus.
4. Halten Sie Ausschau nach den Aktionen Ihrer Konkurrenten und seien Sie darüber informiert.
5. Vertrauen Sie vor allem darauf, dass es für jedes Problem eine Lösung gibt.

Kapitel 20: Alles zum Erfolg

Paul Michael Pack & Send wurde 1993 mit 240 Mitarbeitern gegründet; 35 Millionen US-Dollar oder mehr Umsatz

Ein erfolgreicher Unternehmer muss über eine Vielzahl von Eigenschaften verfügen, darunter Glaube an seine Idee, Begeisterung, Ausdauer und Beharrlichkeit. Michael Paul besitzt sie alle im Überfluss.

Als Paul Anfang der 1990er Jahre seine Idee vorstellte, hätte er aufgegeben, wenn er dem konventionellen Denken gefolgt wäre. Nach fünfzehn Jahren ist er nun CEO von Pack & Send, einem preisgekrönten, millionenschweren australischen Imperium, das weltweit expandiert. Sein Konzept war einfach: Er würde wertvolle, empfindliche oder seltsam geformte Objekte verpacken, die schwer zu verschicken sind, den gesamten Papierkram erledigen und die Produkte überall auf der Welt verschicken.

eBay kam und das Geschäft boomte, aber für ein Postunternehmen, das sich auf große, zerbrechliche und ungewöhnliche Dinge spezialisiert hat, war die Einführung ein Segen. Paul gab an, dass etwa ein Drittel der Transaktionen von Pack & Send die Lieferung von bei eBay gekauften Artikeln beinhalten. Allerdings dauerte es einige Jahre, bis er vom Aufstieg des Online-Auktionshauses profitieren konnte.

Paul hat den größten Teil seiner Karriere mit Paketen gearbeitet. Er begann seine Karriere in der Pharmaindustrie bei Richardson-Merrell (heute Marion Merrell Dow), wo er in der Poststelle arbeitete und alles über Verpackung, Versand und Logistik lernte. Er stieg in eine Management- und Logistikposition auf und brachte sein Wissen dann in mehrere andere Unternehmen ein, wobei er sich nebenbei neue Fähigkeiten aneignete.

Sein Aha-Erlebnis erlebte Paul Anfang der 1990er Jahre als selbstständiger Logistikberater. Die Frage ist, wie man einen Desktop-Computer von Sydney nach Melbourne verschickt.

Obwohl es nicht sehr kompliziert klingt, glaubte Paul damals, dass es nahe dran sei. „Ich konnte weder geeignetes Verpackungsmaterial noch einen Spediteur finden, der bereit wäre, es abzuholen", behauptet er. Ich musste mich um den ganzen Papierkram kümmern und herausfinden, wie ich es richtig verpacken sollte. Am Ende war es ein zweitägiges Training. Es war absurd. Warum gab es keinen Ort, an den ich einfach gehen konnte, damit sie sich um alles kümmerten? Es schien eine so offensichtliche Marktlücke zu geben.

Paul reiste in die USA, um herauszufinden, was das Loch schließen könnte. Er machte sich auf die Suche nach Frachtpartnern und stieß schnell auf Widerstand. „Es gab Firmen, die Artikel für Sie verpackten und verschickten, aber nicht so gut, wie ich es geplant hatte", sagte er. „Ich war fest entschlossen, nach Australien zurückzukehren und es zu versuchen." Es gab große Zweifel. „Michael, Australier zahlen nicht für einen bequemen Verpackungsservice", sagte mir ein Branchenveteran mit dreißigjähriger Erfahrung und wies darauf hin, dass es „Grenzen für das gibt, was man auf diesem Markt tun kann". Dieser leitende Angestellte zog mich beiseite. Ehrlich gesagt war ich damit überhaupt nicht einverstanden. Eigentlich war ich der gegenteiligen Meinung. Was möglich ist, kennt keine Grenzen. Danach wurde ich viel zielstrebiger.

Paul war so entschlossen, 1993 das Geld für die Eröffnung seines ersten Pack & Send-Ladens in Parramatta im Westen Sydneys zu verdienen, dass er sein Haus verkaufte, bei seinen Schwiegereltern einzog und Familienkredite aufnahm. An seinem ersten Geschäftstag verkaufte er nur einen Artikel: einen Karton im Wert von 2,90 US-Dollar. Paulus sagt: „Um mich daran zu erinnern, wie weit wir gekommen sind und um nie den Glauben zu verlieren, habe ich noch die Quittung von diesem Tag."

Nicht gerade ein toller Anfang. Zusammen mit seiner Frau Susan trug er „viele Paar Schuhe aus", während sie auf den Bürgersteig stampften, an Geschäftstüren klopften, um ihre Dienstleistungen zu erläutern, und Flugblätter in Briefkästen warfen. Trotz der damit verbundenen harten Arbeit ging die Idee auf. Der Laden setzte in weniger als einem Jahr 200.000 US-Dollar um, und das Wachstum ließ auf sich warten.

Paul erklärt: „Ich hatte immer die Vision, das im ganzen Land zu verbreiten, aber dem Laden ging es wirklich gut." Es würde nie an einer einzigen Verkaufsstelle enden. Wir waren uns bewusst, dass unser Geschäftskonzept ausgezeichnet war und große Bruttogewinnmargen aufwies. Als ihnen klar wurde, wie schwierig es sein würde, es im ganzen Land zu verbreiten, dachten sie über ein Franchising nach. In dieser Branche ist es von entscheidender Bedeutung, über den persönlichen Service hinauszugehen. Das macht uns wirklich attraktiv. Es ist eine Herausforderung, Mitarbeiter zu motivieren, für die Kunden ihr Bestes zu geben. Aus diesem Grund funktioniert Franchising – das den Menschen im Wesentlichen ein eigenes Unternehmen gibt – unglaublich gut. Sie werden dann motiviert, entsprechend zu handeln.

1994 erhielt er einen Anruf von seinem ersten Franchisenehmer. Er arbeitete bei Crows Nest in Sydney als regionaler Vertriebsleiter für Startrak. Die Filiale ist bis heute geöffnet. Nach einem Jahrzehnt erheblicher Investitionen in Computer, Technologie und Infrastruktur gab es landesweite Marketingbemühungen, eine Beschaffungsabteilung, die die besten Preise für Lieferungen für die Franchise-Unternehmen finden und aushandeln sollte, sowie juristische Arbeit an Verträgen und Franchisenehmervereinbarungen. Paul musste sich den für die Initiative benötigten erheblichen Geldbetrag leihen.

Pack & Send verfügte 1999 über zwanzig Franchise-Standorte. In diesem Jahr gab es zwei bedeutende Ereignisse. Zunächst wurde Paul von Barry Smorgon kontaktiert, einem Geschäftsmann, der wie Paul begeistert war. Er gab dem Unternehmen genügend Investitionen, um den Großteil seiner Infrastrukturanforderungen zu erfüllen. Dann feierte eBay sein Debüt in Australien, was das Image des Unternehmens völlig veränderte. Paul erklärt: „Plötzlich bemerkten wir eine große Veränderung im Verbraucherverhalten." Überall, wo man hinschaute, gab es seltsam geformte Dinge, die Menschen auf der ganzen Welt vermitteln mussten. Und da waren wir am idealen Standort, ausgestattet mit einem gut geplanten nationalen Netzwerk und einer gut geplanten Infrastruktur. Es war sehr wohltuend.

Derzeit haben 25 % der Franchisenehmer von Pack & Send mehrere Standorte, und einige haben ein persönliches Vermögen angehäuft. „Es ist erstaunlich, Zeuge zu sein", bemerkt Paul. Ein Paar investierte viel Mühe und borgte sich Geld, um sein erstes Geschäft zu kaufen. Derzeit gibt es drei, und ihnen gehören auch die Gebäude. Weitere sind auf dem Weg. Paul möchte weltweit tausend Geschäfte eröffnen. Er gründete 2013 ein Master-Franchise-Unternehmen. Seine erste Filiale in Großbritannien läuft sehr gut. Der erste erfolgreiche Pack & Send-Store wurde in Neuseeland eröffnet. Weitere Länder auf der Liste sind Kanada, Singapur, Indien, Südafrika und das europäische Festland.

Im Zeitraum 2008–2009 verzeichnete Pack & Send ein Wachstum von 40 %. Finanzkrisen müssten häufiger auftreten, wenn die aktuelle Krise schuld sei. Laut Paul „haben wir während der Rezession das Marketing verstärkt und die Menschen kaufen verstärkt online nach Angeboten." Unsere Website verzeichnete im März 2009 eine Rekordzahl an Zugriffen und Preisanfragen. In den zwölf Monaten bis Juli 2009 eröffneten wir elf neue Geschäfte und die Eröffnungsverkäufe dieser Standorte waren die höchsten in der Geschichte des Unternehmens. Danke der Nachfrage, uns geht es großartig!

Wie wird es sein, wenn sich die Wirtschaft erholt, wenn wir während einer Rezession genauso beschäftigt sind? Paul behauptet, er denke bereits darüber nach, wie er seine Erholung maximieren könne. Wir haben erhebliche Investitionen in unsere Systeme und Technologie getätigt. Dadurch sind wir nun ein noch leistungsfähigeres Unternehmen, das bereit ist, Expansionschancen zu ergreifen, wenn sie sich bieten. Im Moment eröffnen wir viele Filialen, um von günstigeren Leasingverträgen zu profitieren. Ohne Frage bieten wirtschaftliche Abschwünge Möglichkeiten, die Sie nicht zögern sollten, zu ergreifen.

Er hat seinen ersten Millionen-Dollar-Erfolg längst hinter sich. Wir wurden erst 2003 schuldenfrei, weil wir so große Unternehmensinvestitionen getätigt haben, die erhebliche Investitionen erforderten

Paul bemerkt: „Es war ein tolles Gefühl – beschäftigt, über die Kreditaufnahme nachzudenken.

Der Erfolg des Jahres 2005 hat mich sehr gefreut, da er 15 Millionen US-Dollar einbrachte. Aber um es professionell zu halten, sind wir zu beschäftigt, um über Geld nachzudenken. Der Erfolg des Unternehmens macht mir große Freude. Es war uns eine Ehre, die Auszeichnung „Franchisegeber des Jahres 2007" von PricewaterhouseCoopers zu erhalten, eine wunderbare Leistung, die uns mit Stolz erfüllt. Das ist die Art von Dingen, die wirklich bedeutsam sind.

Wie geht Paul mit sich selbst um, nachdem er so viel Erfolg erzielt hat? Schnelle Autos? Jeden Abend Champagner? Ein Boot vielleicht? Paul sagt: „Ich liebe die Vogelbeobachtung, deshalb habe ich mir ein 3.000-Dollar-Fernglas gegönnt." Ich werde damit klarkommen. Sowohl damals, als wir nichts hatten, als auch jetzt, ich bin zufrieden. Ich kann mir nicht vorstellen, dass es mein Glück verbessern soll, mehr Bargeld auf der Bank zu haben.

Nick Gardner

Goldene Vorschriften

1. Haben Sie eine kreative, weitreichende und fesselnde Vision, die kundenorientiert ist.
2. Halten Sie sich von negativen Menschen fern. Bleiben Sie

jederzeit optimistisch.

3. Investieren Sie Stunden und arbeiten Sie hart. Nur daraus werden wunderbare Dinge entstehen.

4. Denken Sie an Ihr Unternehmen, wie ein erfahrener Langstreckenläufer über einen Marathon denkt: Passen Sie Ihr Tempo an, um stark ins Ziel zu kommen, und konzentrieren Sie sich auf Ausdauer statt auf Geschwindigkeit.

5. Weiterlernen. Vertrauen Sie auf Ihre Fähigkeit, sich weiterzuentwickeln – es ist ein fortlaufender Prozess.

6. Seien Sie in der Gesellschaft wunderbarer Menschen, die Ihre Leidenschaft für die Idee teilen.

7. Eigentlich gibt es keine Einschränkungen!

Kapitel 21: Für Gold, gehen Sie grün

Randall Malcolm von ecoStore wurde 1993 mit dreißig Mitarbeitern und einem Jahresumsatz von 8 Millionen US-Dollar gegründet

Malcolm Rands ist nicht wie andere Geschäftsinhaber. Zunächst ist er ein Geschäftsmann, der verlangt, 10 Prozent seines Verdienstes zu spenden. Außerdem hat er in einem umweltfreundlichen Dorf gelebt. Wir haben diese Gemeinschaft in einer abgelegenen Gegend Neuseelands mit der Philosophie gegründet, mit der Natur zusammenzuarbeiten, anstatt uns ihr zu widersetzen. Unser Ziel war es, eine Permakultur zu etablieren, bei der es sich im Wesentlichen um ein unbewirtschaftetes landwirtschaftliches System handelt, das in seiner Produktionsfähigkeit die Natur nachahmt. Obwohl sie nicht bewirtschaftet werden, gibt es wilde Dschungel, die ganze Städte mit Nahrung versorgen. „Es ist immer noch mein Zuhause", sagt er.

Sein zweiter Wohnsitz ist Auckland, wo er die bemerkenswerte Expansion von EcoStore leitet, einem Unternehmen, das umweltfreundliche Reinigungsmittel herstellt. Er witzelt: „Um mein internationales Imperium zu gründen, musste ich zurück in die Stadt ziehen." Australien, Neuseeland, Hongkong, die USA und das Vereinigte Königreich verkaufen jetzt EcoStore-Produkte, zusammen mit der Supermarktkette Woolworths.

Rands hat eine interessante Reise hinter sich. Er erinnert sich mit widersprüchlichen Gefühlen an seine Zeit als Student, als er Keyboards für die Band Beaver Shot aus Auckland spielte. Im Alter von 19 Jahren verließ er das College, um sich ganz der Musik zu widmen. Nachdem ihm klar wurde, dass die Musikindustrie unberechenbar war und er möglicherweise nicht talentiert genug war, um erfolgreich zu sein, löste er sich von der Band und begab sich auf eine Welttournee, die er zunächst in Sydney machte. Bevor ich in die USA ging, absolvierte ich meine Ausbildung zum Radiologen und arbeitete eine Zeit lang im St. Vincent's Hospital. Das Reisen war wunderbar. Mir wurden dadurch die Augen geöffnet. Ich schloss mich einer Gruppe wohlhabender junger Leute in Kalifornien an und schließlich teilten wir uns ein großes, mietfreies Haus in Orange County.

Ich war von Menschen umgeben, die eher wohlhabend als vernünftig waren und das amerikanische Ideal lebten. Sie konnten alles kaufen, was sie wollten. Die meisten Menschen verbringen ihr ganzes Leben damit, diesen Punkt zu erreichen, aber an diesem Punkt wurde mir klar, dass es das Leben bedeutungslos macht, wenn man alles hat. Diese Leute waren nicht zufrieden. Sie versuchten, weltliche Besitztümer zu nutzen, um eine Lücke in ihrem Leben zu schließen. Schon damals wurde mir klar, dass es im Leben um mehr als nur Geld geht und dass man an etwas glauben muss.

Rands wollte seinen Leidenschaften folgen und wandte sich von der Geschäfts- und Profitwelt ab, als er nach vier Jahren im Ausland nach Neuseeland zurückkehrte. Nachdem er begonnen hatte, Geld für gemeinnützige Organisationen zu sammeln, nahm er eine Stelle als Planer für kommunale Kunstfestivals in der kleinen Stadt Whangarei an, die an der Spitze der Nordinsel liegt. Er erinnert sich: „Ich hatte einen Zweijahresvertrag und blieb am Ende fünfzehn Jahre." Ich entwickelte mich zu einem Spezialisten für Veranstaltungsplanung, Fundraising und Unternehmensführung. Das Problem bestand darin, dass man in einem Monat von elf Monaten harter Arbeit, die Geld verdiente, nur das tun konnte, was einem wirklich Spaß machte.

1987 gründete er zusammen mit einer Gruppe von Künstlern, die seine Werte teilten, das Ökodorf. Und während seiner Zeit dort kam ihm die Idee zu EcoStore. Ein Teil des reinsten Wassers der Welt stammt aus einer nahegelegenen Wasserquelle.

Wäre es nicht wunderbar, wenn wir es nach der Nutzung wieder in seinen ursprünglichen Zustand versetzen könnten? Wir begannen, unseren Lebensstil zu untersuchen und stellten fest, dass wir die schrecklichsten Verbindungen zwar in unseren Haushaltsreinigern verwendeten, sie aber auch zur Bewässerung unserer Nahrungspflanzen verwendeten. Wer weiß, wie sich das auf das Essen ausgewirkt hat. Dies geschah, bevor die Produktkennzeichnung oder die Prüfung der Inhaltsstoffe obligatorisch wurde. Ich kam zu dem Schluss, dass es mehr Menschen geben müsste, die sich Reinigungsmittel ohne solch schreckliche Inhaltsstoffe wünschen würden.

Da Rands im Grunde ein Realist war, war ihm klar, dass die Menschen einen grünen Lebensstil nicht annehmen würden, wenn er zu viele Herausforderungen mit sich bringen würde. „Die Leute fragen sich immer: Welche Wirkung kann ich erzielen?" Ich bin schließlich nur ein Individuum. Daher wurde mir klar, dass es so einfach wie möglich sein musste, umweltfreundlicher zu werden. Aus diesem Grund sind Reinigungsmittel ein wirklich lohnenswertes Diskussionsthema. Der Kauf umweltfreundlicher Reinigungsmittel ist eine einfache und mühelose Aufgabe, kann aber im Alltag erhebliche Auswirkungen auf die Umwelt haben.

Rands wurde Kapitalist, nachdem er das erfahren hatte. „1993 habe ich das Unternehmen als Versandhaus gegründet und die Produkte an Einzelhändler und Privatpersonen geliefert", sagte ich dank eines kleinen Kredits meines Bruders.

Nach vier Jahren war EcoStore zu einer Fabrik in Auckland mit eigenen Produkten, einem Outlet-Shop und einer Forschungsabteilung gewachsen. „Als sich nebenan ein Supermarkt niederließ, hatten wir plötzlich viel Fußgängerverkehr, was sich enorm auf unsere Umsätze auswirkte", erinnert sich Rands.

Das Unternehmen ist immer weiter gewachsen. Woolworths bietet jetzt einundzwanzig EcoStore-Produkte statt nur drei an. Das Unternehmen erzielte eine Umsatzsteigerung von 40 %, indem es einen kostenlosen Werbeansatz nutzte, bei dem auf jeder Produktverpackung ein anderes Produkt aus dem Sortiment beworben wird.

Laut Rands hat der Wirtschaftsabschwung das Bewusstsein der Kunden für den Wert seiner Waren geschärft. Die Menschen haben aufgehört, protzigere Einkäufe zu tätigen, und bleiben stattdessen ihren eigenen Idealen treu, wenn es um den Wareneinkauf geht. Wir sind auch in die untere Bevölkerungsschicht vorgedrungen.

Die Leute stellen fest, dass unsere Lösung wirklich einen Mehrwert bietet, wenn sie die Anzahl der Wäschen, die sie mit einem Standardpulver erhalten, mit der Anzahl der Wäschen, die sie mit unserem erhalten, vergleichen.

Darüber hinaus steigerte ein umfangreiches Musterprogramm, zu dem auch Produktgeschenke in Supermärkten gehörten, den Umsatz. Das hatte eine große Wirkung. Das Missverständnis der Menschen, dass umweltfreundliche Produkte minderwertig und teurer seien, muss ausgeräumt werden. Das wurde durch die Probenahme sehr unterstützt.

Wie viele kluge Geschäftsleute hat Rands die durch die Rezession gebotene Chance genutzt, sein Marketing zu steigern und von günstigeren Kosten zu profitieren. Darüber hinaus versucht er, größere Skaleneffekte aus seiner Lieferkette herauszuholen, aber dies ist eine Frage eines gesunden wirtschaftlichen Urteils und nicht einer erzwungenen Sparpolitik.

Ursprünglich betrachtete er das Unternehmen als eine Möglichkeit, Geld für Umweltschutzzwecke zu sammeln, und als er einen Partner fand, der seine Werte teilte, stimmten sie zu, 10 % des Unternehmensgewinns in die Fairground Foundation zu investieren, die Umweltschutz- und Sanierungsprojekte unterstützt. Er verdiente seine erste Million Dollar, indem er diese Beteiligung an seinen schlafenden Partner verkaufte.

„Ich habe kein Problem damit, jetzt und nicht später reich zu werden", fügt der Mann hinzu. Allerdings ging es auch um Geld. Ebenso wichtig war, dass ich einen Partner mit vergleichbaren Grundsätzen gefunden habe, und ich hatte großes Glück.

„Es gibt Zeiten, in denen die Leute denken, dass Umweltschützer nicht gut darin sind, Geld zu verdienen", fährt er fort. „Ich möchte gleichzeitig Geld sammeln, aber es macht mir überhaupt nichts aus, reich zu werden."

Das ultimative Ziel der Fairground Foundation ist die Schaffung einer nachhaltigen und lukrativen städtischen Öko-Gemeinschaft, die andere dazu inspiriert, sie nachzuahmen. Es ist einfach. Damit jeder seinen eigenen Außenbereich hat, muss dieser mindestens drei Stockwerke hoch sein und über einen Dachgarten verfügen. Aus mehreren Gründen ist Gras das beste Material für Dächer. Dann gäbe es ein Schwimmbad und einen Spielplatz aus Asphalt. Alle diese Aufgaben lassen sich kostengünstig erledigen, wenn mehrere Einheiten gebaut werden.

Um zu funktionieren, bräuchte es eine vorherrschende Ethik. Möglicherweise sind Sie für die Verwaltung Ihres eigenen Grauwassers (Abwassers) verantwortlich; In diesem Fall handelt es sich möglicherweise um ein Feuchtgebiet. Ein Kino oder ein Sozialzentrum innerhalb des Komplexes trägt zum Gemeinschaftsgefühl bei. Damit dieser Vorschlag gelingt, müssen die Bewohner den geringsten Aufwand betreiben. Es wird nicht funktionieren, wenn es schwierig ist oder Opfer von anderen erfordert.

Laut Rands wird Australien oder Neuseeland sein erstes städtisches Ökoprojekt beherbergen. Wenn es in Sydney ist, könnte er am Ende die Welt aufräumen und die Mietknappheit in der Stadt lösen.

Nick Gardner

Goldene Vorschriften

1. Investieren Sie Ihre Begeisterung in Ihre Arbeit.
2. Machen Sie sich klar, welche Ziele Sie vor Augen haben.
3. Erkennen Sie Ihre Fähigkeiten und Stärken.
4. Bleiben Sie Ihren Unternehmenswerten treu.
5. Damit ein Ökounternehmen nachhaltig ist, muss es profitabel sein.

Kapitel 22: Der König des Kaffees, der den Geschmack der Australier veränderte

Les Schirato Cantarella Bros., gegründet 1947; 150 Vollzeitkräfte, 50 Teilzeitkräfte; 160 Millionen US-Dollar Umsatz

Les Schirato war erst 25 Jahre alt, als er vorschlug, dass Supermarktketten den Kaffee der Marke Vittoria seines Unternehmens anbieten sollten, was auf Gelächter stieß. Zu dieser Zeit waren die einzigen Orte, an denen es zu finden war, italienische Feinkostläden, Cafés, Restaurants und die internationalen Gänge von Gourmet-Lebensmittelgeschäften. Schirato wurde vorgeschlagen, dass der Kaffee für Australier zu stark sei. Mit einem Multimillionen-Dollar-Unternehmen, einem Bentley in seiner Garage, einem wunderschönen Wasserfahrzeug und einer Auswahl italienischer Designer-Outfits in seiner Garderobe profitiert der elegante Schirato von seiner Beharrlichkeit, da italienische Grundnahrungsmittel mittlerweile in den meisten australischen Einkaufskörben zur Alltagsware gehören.

Mit siebzehn Jahren brach Schirato die Schule ab, um mit seinem Vater bei Cantarella Bros. zu arbeiten. Die Tochter des Chefs, Luisa, eroberte das Herz des jungen, ehrgeizigen Verkäufers. Nachdem ihm klar wurde, dass er sich woanders niederlassen musste, um ihre Hand zu gewinnen, trat Schirato der italienischen Autofirma Fiat bei. Es war eine in erster Linie persönliche Entscheidung, die seine Leidenschaft für Fahrzeuge nährte und ihm wichtige Berufserfahrung bescherte. Er gibt an, Kenntnisse über soziale Kompetenz und Vertriebsmanagement erworben zu haben. Eines Tages war ich in Wollongong und unterhielt mich mit Bergarbeitern, und am nächsten Tag verkaufte ich Fahrzeuge an einen großen multinationalen Konzern. Beziehungen sind die Grundlage des Geschäfts. Heutzutage nehmen sich die Menschen nicht die Zeit, einander zu verstehen. Jede soziale Ebene erkennt die Bedeutung menschlicher Beziehungen an.

Was die Beziehung zu Luisa Cantarella angeht, florierte sie. Nach seiner Heirat im Jahr 1983 trat Schirato als Familienmitglied wieder in das Unternehmen ein. Um ganz ehrlich zu sein: Mir macht das, was ich tue, Spaß. Es macht mir Spaß, mit Hotels und Restaurants zu arbeiten und Kaffee und Wein zu verkaufen. Das Bargeld wurde auf eine Vergünstigung reduziert.

Die Kaffeemaschine, die die Vorlieben der Australier veränderte

Ich hatte eine Leidenschaft für das, was ich tat, aber ich hätte nie damit gerechnet, so viel Geld zu verdienen wie jetzt. Handelsbankiers haben versucht, uns zu kaufen, aber ich habe das Unternehmen nie verkauft.

Nach seiner Rückkehr zu Cantarella Bros. begann Schirato, Vittoria, europäische Käsesorten, Barilla-Nudeln, italienisches Mineralwasser und den damals ungewöhnlichen Schokoladenaufstrich Nutella in die Geschäfte einzuführen. Schirato sorgte dafür, dass Lebensmittelredakteure Ideen und Informationen zur italienischen Küche erhielten, da er erkannte, dass diese den Geschmack der Öffentlichkeit prägen könnten. Schirato und seine Kollegen verdienten Millionen für das Unternehmen und trugen gleichzeitig zu einer Veränderung der kulinarischen Kultur bei, als die meisten Menschen Koteletts und drei Gemüsesorten aßen.

Schirato kaufte zusammen mit seinen Schwagern in den 1990er Jahren seinen Schwiegervater auf und freute sich, dass die italienische Küche in Australien zu einem festen Bestandteil wurde. Laut Schirato „brachte er 1947 eine Röstmaschine aus Italien mit und gründete das Unternehmen." Er trank weiterhin starken italienischen Kaffee und war stolz auf die Art und Weise, wie sich der Geschmack weiterentwickelt hatte. Ähnlich wie wir Kaffeebohnen aus der ganzen Welt kombinieren, um unsere Marke zu kreieren, werden auch in Australien verschiedene Zutaten verwendet und miteinander vermischt.

Cantarella war damals nur ein Großhändler für andere Produkte; Es entstand kein Vittoria-Kaffee.

Die nächste große Geschäftslektion lernte Schirato, als Unternehmen wie Barilla, denen er beim Aufbau eines australischen Marktes geholfen hatte, begannen, ihre eigenen Waren zu importieren und zu vertreiben. Als Reaktion darauf entwickelte Schirato eigene Waren, die Cantarella Bros. in Italien verkauft und auf Anfrage produziert. Dazu gehören Aurora Pasta, Santa Vittoria Mineralwasser und Nutino Aufstrich.

Diese Investition und Schiratos früherer, mutiger Versuch, in die Mainstream-Märkte vorzudringen, führte dazu, dass Cantarella Anfang der 1980er Jahre einen Wert von 2,5 Millionen US-Dollar hatte

Ich hatte den Eindruck, dass ich heute die Steuerung eines großen Flugzeugs bediene, das Passagiere im Wert von über 160 Millionen US-Dollar befördert. Dennoch war es ein großes Risiko, zuerst die Aktionäre an Bord zu holen, und ich saß im Cockpit und hatte ihr Leben in meinen Händen.

Es war, als hätte ich das Steuer eines großen Flugzeugs in der Hand, an dem sich alle Passagiere und Aktionäre befanden. Er behauptet: „Ich saß im Cockpit und habe versucht, dieses Ding zu fliegen, und ich hatte ihr Leben in meinen Händen." „Lass mich dir etwas sagen, ich verabscheue das Fliegen."

Allerdings beherrschte er die Fähigkeit und landete mit Leichtigkeit. Er behauptet: „Wir haben herausgefunden, dass es keine Zukunft gibt, die Marken anderer Leute zu entwickeln." Im Vergleich zu Italienern, die jährlich 54 kg Nudeln konsumieren, konsumiert der durchschnittliche Australier nur 3 kg Nudeln pro Jahr und trinkt dennoch Kaffee im Wert von 90 Millionen US-Dollar, so COFFEE KING WHO CHANGED AUSTRALIANS' TASTE. Der größte Anbieter von reinem Kaffee in Australien ist Cantarella.

Doch für Schirato ist Reichtum kein Zeichen von Erfolg. Sein Fundament ist immer noch seine Familie. Er und seine Schwägerin Luisa sind Miteigentümer des Unternehmens. Rolando, sein Sohn, ist derzeit Marketingleiter. „Entscheiden Sie, wie Sie für sich selbst ein Gleichgewicht zwischen Arbeit, Familie, Gesundheit, Gemeinschaft und anderen Prioritäten finden." „Nehmen Sie die Reise an und geben Sie etwas zurück, wann immer Sie können."

Kerrie Davies

Goldene Vorschriften

1. Betrachten Sie die Dinge aus der Perspektive eines Piloten. Behalten Sie Ihre wichtigsten Messgeräte im Auge und wissen Sie, um welche es sich handelt. Wenn sie weiterhin grün bleiben, sollte sich alles von selbst erledigen. Ergreifen Sie schnelle Maßnahmen, wenn Ihnen etwas auffällt, das rot aufleuchtet, beispielsweise der Cashflow.
2. Machen Sie einen Flugplan. Geben Sie genaue Anweisungen zu Ihrer geplanten Route.
3. Kümmern Sie sich um Ihre lukrative Kundschaft. Nicht alle Passagiere in der ersten Klasse sind die profitabelsten.
4. Achten Sie sowohl auf die kleinen als auch auf die großen Details. Es gibt einen Grund, warum Piloten eine Checkliste verwenden. Es kann katastrophal sein, wenn Sie auch nur ein kleines Detail übersehen.
5. Bilden Sie Ihr Team weiter. an wichtigen Terminen teilnehmen. Bereiten Sie alle auf Erfolg vor, indem Sie ihnen quantifizierbare, klare Leistungsindikatoren zur Verfügung stellen.

Kapitel 23: Leistungsträger steigern

Spencer Spencer Travel wurde 1998 gegründet, beschäftigt 25 Mitarbeiter und erzielt einen Jahresumsatz von 20 Millionen US-Dollar.

Welcher Airline-Sitz ist am begehrtesten? „Penny Spencer ist sich bewusst, ob sie berühmt sind oder nicht, alle meine besten Kunden wollen Sitzplatz 1A", behauptet sie. Vor allem in einem Jumbo-Flugzeug, wenn man noch weiter vorne sitzt als die Piloten und ganz vorne sitzt. Das muss reichen mit Prestige.

First-Class-Reisen und Aufenthalte in Fünf-Sterne-Hotels gehören für den wohlhabenden Reiseveranstalter zum Standard. Schließlich ist es Spencer ihrer wohlhabenden Klientel schuldig, das gute Leben zu erleben. Sie erinnert sich jedoch daran, dass ich, als sie Anfang der 1980er Jahre ihre erste Anstellung antrat, „so verzweifelt war, dass ich buchstäblich umsonst gearbeitet habe." Spencer, ein gebürtiger Neuseeländer, sagte: „Ich arbeitete sechs Monate lang in einem Reisebüro und stempelte Broschüren, bevor sie anfingen, mich zu bezahlen." Es war nicht ganz das, was er sich vorgestellt hatte. „Mein erster Flug war, als ich fünfzehn Jahre alt war", erinnert sie sich. Auch wenn es nur eine Reise von der Südinsel in den Norden war, wusste ich bereits, dass ich im Reisebereich arbeiten wollte. Es war wirklich so aufregend.

Nach ein paar Jahren einfacher Arbeit und einigen Jobs wurde sie bei Ursula King Travel in Woollahra, Sydney, angestellt, wo sie sechs „inspirierende" Jahre begann, von einem großartigen Mentor zu lernen. „Zu sehen, dass sich Ursula so sehr für ihr Geschäft und ihre Auszeichnungen engagiert – obwohl sie eine Frau in einem von Männern dominierten Bereich ist – gab mir wirklich Hoffnung, dass ich auch erfolgreich sein könnte."

sagt Spencer. „Sie hat mir viele Dinge beigebracht."

Nachdem sie eine Zeit lang als Agenturleiterin bei einem ehemaligen Kollegen gearbeitet hatte, fasste sie schließlich den Entschluss, sich selbstständig zu machen. Mit ausschließlich Kreditkarten und ihrem Vertrauen in die Hingabe der Kundschaft, mit der sie im Laufe der Jahre zu tun hatte und an der sie festhielt, finanzierte sie 1998 die Gründung von Spencer Travel. Spencer sagt: „Ich habe immer noch viele meiner ursprünglichen Kunden." „Wer Wert auf exzellenten Service legt, wird, wenn er kann, loyal bleiben."

Ihr Solo-Unterfangen nahm schnell Fahrt auf, erforderte jedoch viel Ausdauer und harte Arbeit. Um das Geschäft eines bestimmten Fernsehproduzenten zu gewinnen, verfolgte Spencer ihn beharrlich. Menschen, die sie respektieren, sagen: „Ich habe angerufen und angerufen und angerufen, und er hat nie geantwortet und meine Nachrichten nicht beantwortet. Ich hatte gehört, dass er mit seinen Reisebüros nicht zufrieden war." Dann würde ein seriöser Dienstleister, wenn er kann, während der Nacht, in der ich arbeite, immer treu bleiben. Er kam zu spät und versuchte, in seinem Büro anzurufen, in der Hoffnung, dass er nicht selbst ans Telefon gehen musste, weil sein Assistent nicht anwesend war. Ja er hat. Und er versprach mir, ihn aufgrund meiner „unerschütterlichen Beharrlichkeit" besuchen zu dürfen. Er hat mich tatsächlich angemeldet. Einige Monate später erhielt derselbe Produzent den Auftrag, den bekannten Qantas-Werbespot zu produzieren, in dem die Kinder „I Still Call Australia Home" singen. Spencer erklärt: „Ich musste die Reise für 36 Kinder und 40 Besatzungsmitglieder, Eltern, Erziehungsberechtigte, Sicherheitspersonal und alles andere planen." Sie besuchten unzählige Orte auf fünf Kontinenten. Ich habe ganze vier Monate daran gearbeitet. Obwohl es anstrengend war, hat es mir wirklich Spaß gemacht.

Es war die Aufgabe, Spencer zu erschaffen. Mundpropaganda erledigte die Aufgabe. Schon bald stellte sie mehr Arbeitskräfte ein, um der Nachfrage gerecht zu werden, insbesondere im

Unterhaltungssektor. Sie mögen wählerische Reisende sein, das war also sowohl ein Vorteil als auch ein Fluch.

Die Schauspielerin behauptet: „Wir hatten einen sehr bekannten und attraktiven Schauspieler, der darauf bestand, dass zehn Personen uns vom Flugzeug aus durch den Zoll treffen und unterstützen." Der Flug ging jedoch nach Hongkong und die zehnköpfige Eskorte drehte um Es handelt sich um zehn amüsierte, fast verrückte chinesische Flugbegleiterinnen. Der Schauspieler war wütend und verlangte, dass so etwas nie wieder passieren sollte. Bedauerlicherweise war Bangkok das nächste Ziel, da die Mädchen dort eine ähnliche Einstellung haben. Ich musste die Fluggesellschaft anrufen und sie davon überzeugen, Männer oder Mädchen zu schicken, die keine Szene verursachen würden. Dann ärgerte er sich darüber, dass ihn niemand erkannte.

Nach den Anschlägen vom 11. September weigerte sich eine bekannte und wohlhabende Amerikanerin, ein Verkehrsflugzeug oder sogar Verkehrsflughäfen zu benutzen, weil sie große Angst hatte. „Ich musste Privatjets und Militärflugplätze nutzen, um ihre gesamte Reise von Bermuda nach Kuala Lumpur zu planen", erklärt Spencer. Sie sagte, sie würde nicht in eine kommerzielle Fluggesellschaft einsteigen, obwohl ich darauf hingewiesen hatte, dass es günstiger gewesen wäre, die gesamte First-Class-Kabine einer Boeing 747 zu mieten, und dass dafür auch nur ein Zwischenstopp erforderlich wäre. Der einfache Flug kostete am Ende über 560.000 US-Dollar. Spencer hatte noch nie einen so hohen Tarif gebucht, obwohl es einige sehr teure gibt.

Sie hat heute ein neues Feld betreten, das ultimative Grenzgebiet, wenn man so will. Spencer wurde 2008 von Virgin Galactic ausgewählt, nachdem er über zweihundert andere Agenten überboten hatte, einer von neun australischen „Weltraumagenten" zu werden, die zur Vermarktung von Raumfahrten berechtigt sind. Sie schrieb auch Geschichte, als sie als erste Agentin außerhalb der USA ein vollständig bezahltes Ticket im Wert von 260.000 US-Dollar verkaufte. Eine Ausnahme macht Virgin Galactic bei seinen Raumflügen (deren Start für 2011 geplant ist) in einer Branche, die die Provisionen von Reisebüros weitgehend abgeschafft hat. „Es handelt sich um eine dreistündige Reise ins All, und die Vorauszahlung stellt sicher, dass der Kunde zu den ersten 100 Weltraumtouristen gehört, sobald kommerzielle Flüge beginnen." Es wird eine Zahlung von fast 5 % geleistet, obwohl Spencer anmerkt, dass viele Verhandlungen erforderlich waren.

Spencer gehört nicht zu den Geschäftsinhabern, die nur an ihre Arbeit denken und keine Lust haben, etwas anderes zu tun. Umgekehrt begann sie etwa im Jahr 2003, nach einem Ausweg zu suchen. „Ich möchte eine Balance zwischen Leben und Arbeit finden, weil ich zwei sehr kleine Kinder habe", sagt sie. „Ich verkaufe an die Belegschaft oder an einen externen Käufer, weil ich das nicht mit sechzig machen möchte", sagt sie, aber wenn sie den Beruf aufgeben würde, würde sie das gerne für ihre Familie tun So geht sie nicht mit geschäftlichen Abschwüngen um. Wenn sie vor einer Herausforderung steht, macht sie einfach weiter und hat Erfolg. Solche Schwierigkeiten sind in den letzten Jahren häufiger geworden. „Niemand ging irgendwohin", zum Beispiel nach dem 11. September 2001. Es gab auch Gerüchte, dass Geschäftsreisen eingestellt würden und stattdessen Telefonkonferenzen und Online-Meetings stattfinden würden. Natürlich ging es nach ein paar Monaten besser, aber viele in der Branche glaubten lange, dass es nie besser werden würde. Dann kamen die Bombenanschläge auf Bali, der SARS-Ausbruch und die Entscheidung der Luftfahrtindustrie, keine Reisebüros mehr zu beauftragen, im Jahr 2002. Die 9 % der Flugkosten, die sie uns bezahlt hatten, wurden uns entzogen. Die Abhilfemaßnahme von Spencer Travel bestand darin, eine Servicegebühr zu erheben. Die Leute waren es nicht gewohnt, ein Reisebüro zu bezahlen, also war das schockierend. Firmenkunden waren normalerweise damit einverstanden, weil sie wussten, dass wir unseren Lebensunterhalt und den Preis für hervorragende Arbeit verdienen mussten. Allerdings war und bleibt es schwieriger, Privatkunden zu überzeugen. Sie wissen nicht, dass bei anderen Agenturen die Servicegebühr einfach im Ticketpreis enthalten ist.

Das erste Mal, dass ihr Unternehmen in einem einzigen Monat 1 Million US-Dollar verdiente, ist ein Erlebnis, das Spencer nie vergessen wird. „Ich war begeistert", als es im Jahr 2002 passierte, sagt sie. „Das war damals ein echter Meilenstein, aber ich muss diese Marke jeden Monat erreichen, um die Gewinnschwelle zu erreichen."

Obwohl der Wirtschaftsabschwung erhebliche Auswirkungen auf ihr Unternehmen hatte, behauptet sie, dass dies ihren „Unternehmergeist" wiederbelebt habe, anstatt sie zu deprimieren. „Wir haben aus der Krise viele wertvolle Lehren gezogen", behauptet sie auf seltsame Weise. Es zwingt Sie, zu Ihren Wurzeln zurückzukehren und sich auf das Wesentliche zu konzentrieren. Als ich anfing, habe ich gesehen, dass mein Einfallsreichtum beim Nachdenken über Möglichkeiten zur Akquise neuer Geschäfte und zur Verbesserung der Statistiken zurückgekehrt ist.

Obwohl sie günstigere Tickets kaufen und weniger fliegen, bleiben Spencers ehemalige Kunden treu. Sie ist auf der Suche nach neuen Kunden und spezialisiert sich auf neue Bereiche, um die Umsatzeinbußen auszugleichen. Auch wenn es noch nicht so richtig losgeht, ist die Raumfahrt ein teures Hobby, deshalb konzentriert sie ihre Energie auf Projekte, die näher an ihrem Zuhause liegen. „Wir haben damit begonnen, in unserer Nachbarschaft Flugblätter zu verteilen, woran wir vorher nie gedacht hätten, und wir arbeiten mit Unternehmen zusammen, um Preise als Anreiz anzubieten, um Menschen dazu zu bewegen, zu uns zu kommen."

Spencer expandiert auch in den Markt für Freizeitkreuzfahrten. „Ich bin kürzlich Cruiseco beigetreten, einer Organisation, die im Wesentlichen Kreuzfahrtangebote in großen Mengen kauft, sodass wir Pakete zu den wettbewerbsfähigsten Preisen anbieten können."

Sie hat eine Strategie entwickelt, die genau beschreibt, wie viel wir jeden Monat verdienen müssen und was zu tun ist, falls unsere Ziele nicht erreicht werden. Ich habe mich daran gehalten und es hat zu erheblichen Anpassungen geführt." Spencer setzte ihre Mitarbeiter in der Weihnachtszeit 2008 auf eine Vier-Tage-Woche ein, und von März bis Juni desselben Jahres arbeiteten sie alle zwei Wochen jeweils neun Tage. „Meine Mitarbeiter haben es verstanden", sagt sie. Sie sind zur Vollzeitbeschäftigung zurückgekehrt und gaben an, dass sie lieber weniger Wochen arbeiten würden, als ihren Arbeitsplatz zu verlieren.

Darüber hinaus blickt sie positiv in die Zukunft. „Die Wirtschaft mag leiden, aber die Menschen müssen trotzdem reisen. Unsere schlankere, gemeinere und einfallsreichere Struktur bedeutet, dass wir gut aufgestellt sein sollten, um davon zu profitieren, wenn sich die Wirtschaft tatsächlich erholt." Oh, und die Absicht, das Unternehmen zu verlassen, liegt immer noch auf Eis.

Nick Gardner

Goldene Vorschriften

1. Seien Sie sich jeden Tag über Ihre finanzielle Situation im Klaren.
2. Haben Sie Leidenschaft für das, was Sie tun; es muss Spaß machen.
3. Haben Sie unter schwierigen Umständen keine Angst davor, schwierige Entscheidungen zu treffen.
4. Bleiben Sie anpassungsfähig und empfänglich für neue Perspektiven und Kursänderungen.
5. Seien Sie optimistisch, denn wenn nicht, werden Ihre Mitarbeiter es auch nicht tun.
6. Bargeld ist König, also horten Sie so viel davon wie möglich.

Kapitel 24: Er traf die Entscheidung, Ziele zu erreichen

Die Peter Switzer Group wurde 2005 gegründet, beschäftigt 23 Mitarbeiter und erzielt einen Umsatz von fast 4 Millionen US-Dollar.

Peter Switzer, ein kluger Requisiteur, der ein Rugby-Liga-Trikot der Easts anziehen wollte, musste eine große Entscheidung treffen, als seine Jugend zu Ende ging. Er hatte zwei Möglichkeiten: zur Schule gehen und einen Abschluss machen oder eine Sportkarriere einschlagen, von der er wusste, dass sie in greifbarer Nähe lag. Für seinen pragmatischen Vater war die Entscheidung klar. Allerdings stand der junge Schweizer vor einem schmerzhaften Rätsel. Neben dem Ligaleben hatte er mehrere sportliche Möglichkeiten; Anfang der 1970er Jahre gewann er mit dem North Bondi Surf Club einen Sydney-Titel, wo er erstklassiges Wasserball spielte. Der President's Cup oder ein Master of Commerce war meine Wahl. Zum Glück habe ich mich für Letzteres entschieden", bemerkt er.

Dankbarkeit zu empfinden ist sicherlich eine bescheidene Art, Switzers Gefühle zu beschreiben, wenn man bedenkt, welche Anerkennung er als einer der besten Wirtschaftsexperten und -unterstützer Australiens erhalten hat. Switzer Financial Services, die er mit dem Motto „vertrauenswürdiger Anbieter von Buchhaltungs-, Unternehmens- und Finanzberatung" gegründet hat, ist seine Marke und sein Standbein. Er räumt jedoch ein, dass bestimmte kluge Immobilienkäufe in den 1970er-Jahren ihn wirklich in den Millionärsclub katapultierten und nicht in sein eigenes Unternehmen.

Switzer und seine Frau Maureen waren junge Familienväter mit begrenzten Mitteln. Laut Switzer „zogen wir 1979 nach Paddington, als es noch kein trendiger Vorort war." Als mein Schwiegervater das alte viktorianische Cottage sah, das wir gekauft hatten, bemerkte er, wie ich mich erinnere: „Oh, mein Lieber! Unser Interesse an Immobilien wurde jedoch durch das Haus geweckt, also verkaufen Sie es so schnell wie möglich. Wir haben es renoviert." alte Häuser, die wir in schönen Vororten gekauft haben. Wenn Sie Ihr Haupteigentum verkaufen, zahlen Sie keine Kapitalertragssteuer, was es zu einem hervorragenden Mittel zur Vermögensbildung macht.

Nach Abschluss seines Master of Commerce unterrichtete Switzer an mehreren Privatschulen, bevor er an die Wirtschaftsfakultät der University of New South Wales wechselte und sein erstes Unternehmen gründete, eine Schule für Wirtschaftscoaching. Er behauptet, dass Doug Mulray, der damalige Frühstücksradiomoderator bei Radio Triple M, ihn nach dreizehn Jahren im akademischen Bereich abgeworben habe.

Switzer verwandelte seine Trainerschule in ein Medienunternehmen und wechselte von Radiospots zum Thema Finanzen zu Fernseh- und Zeitungskolumnen. Während er ihre kleine Familie großzog, gründeten er und Maureen nebenbei auch einen Verlag, den sie zunächst von ihrem Haus in Paddington aus betrieben.

Es dauerte einige Zeit, bis sich die jahrelange Arbeit auszahlte. „Es gibt tolle Synergien, deshalb haben wir unser Medien- und Verlagsgeschäft um Finanzplanung und Business-Coaching erweitert", erklärt Switzer. Nachdem wir jahrelang über persönliche Investitionen geschrieben haben, haben wir die Entscheidung getroffen, ein Finanzplanungsunternehmen zu gründen, das die höchsten Standards an Integrität und Offenheit einhält. Das verschaffte uns einen Vorteil gegenüber unseren Konkurrenten. Als logischen nächsten Schritt haben wir das Switzer Business Coaching entwickelt und Werte vermittelt, die ich gelernt habe und die ich bewundernswert finde. Zu unseren derzeitigen Aufgaben gehört es, Medienunternehmen, Großunternehmen, Kleinunternehmen, Investoren und Verbrauchern Geschäftswissen, Schulungen und Anleitungen zu vermitteln.

Trotz seines vollen Terminkalenders hat Switzer seine Leidenschaft für Immobilien nicht aufgegeben. Er argumentiert, dass es vor allem um die Diversifizierung seines Finanzportfolios geht, wozu er seinen Kunden oft rät. „Die Mehrheit der Menschen sind Neulinge, wenn es darum geht, zu investieren und Vermögen anzuhäufen." „Ich verabscheue es, wenn Leute Investitionen wie Glücksspiel behandeln", fügt Switzer hinzu. Wenn sie klug sind, können Daytrader schnell handeln und klügere Entscheidungen treffen als schlechte. Viele tun dies jedoch nicht. Ich sage meinen Lesern und Kunden, dass dies ein langfristiges Projekt ist. Wir kaufen erstklassige Blue-Chip-Vermögenswerte und halten an ihnen fest, insbesondere wenn sie einen angemessenen Preis haben. Dadurch werden gute Renditen erzielt. Die Mehrheit der Menschen ist in allen Anlageklassen tätig und die Schweiz ist jedoch nie ein Neuling, wenn es darum geht, in zu investieren und Reichtümer anzuhäufen. Ich verabscheue Menschen, die sich darauf verlassen, mit Investitionen umzugehen, als wären es seine einzigen. Seine Söhne spielen Fußball. Martin und Alex sind ebenfalls bei dem Unternehmen angestellt, das Switzer in wirtschaftlich schwachen Zeiten als besonders hilfreiche Quelle der Unterstützung und Kameradschaft ansieht.

Der Hauptvorteil des Reichtums besteht laut Switzer darin, dass er die Möglichkeiten erweitert. „Es ist lustig, weil ich in meine Heimatstadt zurückkehren und mich entspannen könnte, aber ich liebe es zu schreiben, unser Geschäft aufzubauen, Australier zu unterrichten und unseren Kunden beim Aufbau erfolgreicher Unternehmen und Wohlstand zu helfen", sagt er. „Ich empfehle immer, ein Leidenschaftsprojekt zu verfolgen, da Sie so Ihre inhärenten Fähigkeiten nutzen können." Und um das Beste aus sich herauszuholen, scheuen Sie sich nicht, professionelle Hilfe in Anspruch zu nehmen.

Eines Tages wurde Switzer nach einer Rede über den Wert von Business-Coaching von einer Frau angesprochen, die sich erkundigte, ob er selbst ein Business-Coaching erhalten habe. Als er mit „Nein" antwortete, berichtete sie ihm, dass er hinzufüge, dass wir alle die unvoreingenommene Beobachtung einer anderen Person benötigen, um das Beste aus jedem von uns herauszuholen. Von ihrer ruhigen Logik überwältigt, nahm Switzer das Angebot der Frau an, drei Monate lang kostenlos ein Business-Coaching zu absolvieren. Derzeit ist sie Business-Coaching-Partnerin der Switzer Group.

Obwohl sich seit der Finanzkrise weniger Menschen nach einem Business-Coaching erkundigt haben, ist die Wahrscheinlichkeit, dass diejenigen, die dies tun, weitaus höher. „Sie verstehen, dass es gerade in diesen unsicheren Zeiten eine falsche Ökonomie ist, nicht in die eigene Verbesserung zu investieren", argumentiert er.

Die Tatsache, dass Switzer konsequent eine Pauschalgebühr anstelle einer prozentualen Gebühr berechnet hat, hat zur starken Leistung der Division in der Finanzplanung beigetragen. Die prozentualen Gebühren sind parallel zum Fondswert gesunken.

Für Radio- und Fernsehauftritte sowie für Vortragsengagements war Switzer jedoch sehr gefragt. Heutzutage moderiert er an vier Abenden in der Woche seine eigene Sendung auf Sky Business, in der er Fachleute aus den Bereichen Investitionen und Wirtschaftsprognosen interviewt.

Switzer rät seinen Business-Coaching-Kunden, sich darauf zu konzentrieren, sicherzustellen, dass ihre besten Kunden zufrieden sind, indem sie zu den Grundlagen zurückkehren. Ihm zufolge: „Zeigen Sie Ihren Kunden Rücksichtnahme und das erzeugt große Loyalität." „Ein fantastischer Verkäufer, den ich kenne, leitet kleine Zeitungsausschnitte oder Links an seine Kunden weiter, wenn er glaubt, dass sie hilfreich sein könnten." Es ist eine wirklich tolle Idee. Es vermittelt echte Sorge. Erweitern Sie Ihr Netzwerk, was ein weiterer kluger Vorschlag ist. Besuchen Sie mehr Veranstaltungen und tragen Sie immer Visitenkarten bei sich. Wenn Sie an einer Veranstaltung teilnehmen, bereiten Sie außerdem im Kopf ein kurzes Skript vor, das es Ihnen ermöglicht, Ihr Unternehmen kurz zu beschreiben. Das könnte sofort dazu führen, dass Sie für sich arbeiten.

Switzer empfiehlt Ihnen, Ihr Marketing zu analysieren, um sicherzustellen, dass es alle erforderlichen Aufgaben erfüllt. „Wenden Sie das Prinzip der lila Kuh an", sagt er. Laut dem amerikanischen Vermarkter Seth Godin sehen unsere Werbebotschaften manchmal wie ein Feld mit schwarzen und weißen Kühen aus. Aber was wäre, wenn der Bauer einer Kuh einen lila Anstrich verpassen würde? Jeder gestikulierte und rief: „Schau dir die lila Kuh an!"

Bei einem solchen Marketing sind keine Grenzen gesetzt.

Andrew CarSwell

Goldene Vorschriften

1. Markt wie nie zuvor.
2. Stellen Sie sicher, dass der Cashflow gut ist.
3. Stellen Sie sicher, dass Sie mit dem Personal sprechen, um es einzubeziehen.
4. Stellen Sie sicher, dass die Vision Ihres Unternehmens von allen im Unternehmen verstanden wird – und scheuen Sie sich nicht, Kunden über die Notwendigkeit von Input aufzuklären.

Kapitel 25: Dieser australische Kerl

John Symond Australische Hauskredite; begann 1992; 1000 Mitarbeiter; Jeden Monat werden Hauskreditanträge im Wert von rund 1 Milliarde US-Dollar gestellt

Angesichts der bekannten Extravaganz seines 50 Millionen US-Dollar teuren Point Piper-Hauses nähert man sich dem Stadtbüro des „Australiers" John Symond und erwartet Großes. Sicherlich wird es einen Basketballplatz, einen riesigen Arbeitsplatz geben, der aus dem geborgenen Deck der Endeavour gehauen wurde, einen wandgroßen Plasmabildschirm und eine Decke, die mit 100-Dollar-Scheinen übersät ist. Tatsächlich ist der Besitzer ein bekennender Workaholic, der behauptet, sein Geist sei so beschäftigt, dass er jede Nacht nur etwa vier Stunden unruhigen Schlaf bekomme. Die Einrichtung ist eher nützlich als protzig.

Wenn Symond über Geld spricht, klingt er wie jeder andere Vorstandsvorsitzende, der in seinem Büro sitzt. Mit einer spöttischen Geste wird eine einmalige Schuld in Höhe von 5 Millionen US-Dollar angesprochen, was andeutet, dass der Betrag unbedeutend sei. Dies ist der Fall, wenn man bedenkt, dass Symond derzeit einen Wert von über 500 Millionen US-Dollar hat. Was seine erste Million Dollar betrifft, kann er sich nicht genau erinnern, wann er diesen kleinen Erfolg erreicht hat. Während ich als junger Rechtsanwaltsgehilfe in einer Anwaltskanzlei arbeitete, brachten mir mein Vater und mein Onkel die Besonderheiten des Immobilienwesens bei. Als ich Ende Zwanzig war, hätte ich meine erste Million Dollar mit dem Kauf und Verkauf von Häusern verdient, sagt Symond. Damals war das eine große Summe. Ich habe es genutzt, um weitere Immobilien zu kaufen. Aber ich habe auch viel von dieser anfänglichen Million Dollar durch Immobilien verloren. Ich erinnere mich, dass es eine Rezession gab, als ich in den Ausbau einiger Wohnungen investierte. Allerdings wächst man an seinen Fehlern.

Der größte Fehler, den Symond je gemacht hat, war die Gründung eines Joint Ventures mit der State Bank of South Australia. Ende der 1980er Jahre lagen die Zinssätze bei bis zu 20 Prozent. „Da ich naiv bin, hätte ich mir einfach nie vorstellen können, dass eine staatliche Bank scheitern könnte", sagt er. Offensichtlich gehen ihm die Erinnerungen immer noch in den Sinn. Diese Begegnung schürte Symonds Abneigung gegen die großen Banken, was ihn dazu veranlasste, 1992 Aussie Home Loans zu gründen und die Art und Weise, wie Kredite in diesem Land zur Verfügung gestellt wurden, zu revolutionieren. Da der Bankrott drohte, sein „Arsch in Flammen" stand und die Gläubiger vor seiner Tür standen, beschloss Symond, sich zu wehren. „Es war einfach völlige Zerstörung", behauptet er. „Der Hauptantrieb meines Handelns war mein Wunsch, meinen drei- und siebenjährigen Kindern eine Ausbildung zu ermöglichen." Das war keine Option, weil ich die Vorstellung verabscheute, dass Kinder sagen: „Oh ja, mein Vater ist bankrott gegangen."

Und ich war wütend darüber, wie die großen Banken mit Tausenden und Abertausenden Australiern umgingen, die ihre eigenen Probleme verursacht hatten. „Mein größtes Anliegen war es, mit meinen Gläubigern, die drei und sieben Jahre alt waren, eine Lösung zu finden, da ich nicht wollte, dass ihnen drei Jahre lang eine Ausbildung im Wert von rund 5 Millionen US-Dollar verweigert wird." Es war klar, dass ein regulärer Lohn nicht ausreichen würde, um diese Ausgaben zu decken, also gründete Symond seine eigene Finanzorganisation, überbot die anderen Banken, produzierte einige mittlerweile berühmte Anzeigen und häufte ein Vermögen an. „Warum haben Sie Ihre eigenen Anzeigen geschaltet?" Leute fragen. „Nun, ich konnte es mir damals nicht leisten, echte Talente einzustellen", sagt Symond. „Mir wurde klar, wie wichtig es ist, sich selbst zu vermarkten, denn die Leute werden einem Aufmerksamkeit schenken."

Symond verkaufte 2008 33 % von Aussie an die Commonwealth Bank und kaufte mit dem Geld dann den Konkurrenten Wizard Home

Loans. Zu seiner Überraschung, ebenso wie zu der aller anderen, kam es zu dieser Entwicklung. „Ich hätte einen Anwalt beauftragt, wenn Sie mir das vor einem Jahr gesagt hätten."

„Warum haben Sie Ihre eigenen Anzeigen geschaltet?" Die Leute fragen: „Ich soll den CEO übernehmen, da ich es mir damals nicht leisten konnte, jeden Tag ein echtes Unternehmen und Talent einzustellen." Als ich ein Joint Venture mit einer Großbank eingegangen bin, hätte ich gefragt: „Was rauchst du, Kumpel? Du musst verrückt sein!" Aber ich habe längst herausgefunden, dass der beste Weg, die Zukunft vorherzusehen, darin besteht, sie aktiv zu gestalten. was eine furchtlose Haltung gegenüber Veränderungen und proaktives Verhalten erfordert.

Laut Symond verband sich die Öffentlichkeit durch seine Stimme und sein Gesicht in diesen Werbeanzeigen mit ihm. „Ich kann keine fünfzig Schritte gehen, ohne dass Leute auf mich zukommen und um Rat fragen, und sie fühlen sich dabei sehr wohl", sagt er. „Und ich bleibe immer stehen und rede, egal, ob es der Polizist oder der Garbo oder wer auch immer ist." Symond führt einen Großteil seines Erfolgs auf seine Erziehung in der Arbeiterklasse zurück und glaubt, dass die Obstläden seiner Eltern, in denen er als Jugendlicher arbeitete, der Grund für seine Anziehungskraft auf ein breites Publikum sind. „Meine Eltern waren die besten Vorbilder, die ich haben konnte." Auch wenn sie nicht viel Schulbildung hatten, behauptet er, dass er von ihnen mehr gelernt habe als von elf verschiedenen Schulen und zwei Universitäten.

Ich schätze mich glücklich, aus der Arbeiterklasse zu stammen, da ich dadurch ein gutes Verständnis für Vorstadteltern habe. Wenn man in eine wohlhabende Familie hineingeboren wird, hat man wirklich keine Ahnung, was Menschen antreibt.

Symond behauptet, er sei von den Immobilienpreisen entsetzt, obwohl die anhaltende Immobilienblase seine Finanzen angekurbelt habe. Für viele Menschen wird der Besitz eines Eigenheims aufgrund der exorbitanten Wohnkosten zum Albtraum. Mit all den Steuern, die sie erheben, melken die Regierungen die goldene Gans, und wenn das so weitergeht, werden jüngere Menschen nie in der Lage sein, ein Eigenheim zu kaufen. Symond warnt davor, dass dies schädliche Auswirkungen auf unsere Wirtschaft haben wird.

Er räumt ein, dass Geld kein Allheilmittel ist, aber beim Einkaufen hilfreich sein kann. Seine liebsten Dinge, die er mit übrigem Geld kauft, sind Autos, Boote, Uhren, zeitgenössische australische Kunst und sein prächtiges Zuhause, das Australiens größte Privatresidenz ist und einen Blick auf das Sydney Opera House bietet. Ja, ich gehe gerne einkaufen. Meine Mitarbeiter sind sich darüber im Klaren, dass ich, wenn sie mir Freizeit geben, eine Uhr oder ähnliches kaufe. Er sagt: „Ich mag Uhren wirklich."

Darüber hinaus rasten seine Gedanken ständig, eines meiner liebsten Vorbilder waren meine Eltern. Sie hatten nicht viel Zeit für mich, mich zu entspannen und vom offiziellen Unterricht abzuschalten, aber ich stellte fest, dass ich durch sie mehr Wissen erlangte als durch den Aufenthalt auf dem Meer. Es gibt elf Schulen und zwei Universitäten. Ein Ghy oder ein größeres Boot ist wirklich von Vorteil. Außerdem bin ich

Ich hatte das Glück, ein atemberaubendes Haus am Wasser und ein schönes Boot zu besitzen. Ich zwicke mich jeden Tag, wenn mir bewusst wird, was für ein Glück ich hatte.

Dennoch glaubt er, etwas Bedeutendes erreicht zu haben. Rückblickend erinnert er sich: „Der große Durchbruch war, als die großen Banken eine Kehrtwende machten und ihre Zinssätze für Immobilienkredite um fast drei Prozent senkten, nachdem wir sie eine Zeit lang unterboten hatten." „Mir ist bewusst, dass Millionen Australier mittlerweile Geld in der Tasche haben." Und darauf bin ich stolz.

Stephen Corby

Goldene Vorschriften

1. Für Ihr Personal muss gesorgt werden. Ich habe immer gedacht, dass Ihre Top-Kunden die sind
2. diejenigen, mit denen Sie zusammenarbeiten. Sie werden Ihnen nicht treu bleiben, wenn sie nicht viel von Ihnen halten oder Ihnen nicht vertrauen
3. Wenn Sie mit Kraft führen, werden Ihnen die Menschen folgen.
4. Konzentrieren Sie sich auf Ihr Hauptgeschäft und vermeiden Sie unnötige Ausgaben.
5. Wenn es darum geht, Partnerschaften einzugehen, haben Sie keine Angst davor.
6. Fragen Sie erfolgreiche, optimistische Menschen, mit denen Sie sprechen, wie sie dorthin gekommen sind.
7. Erkennen Sie Ihre Fehler und seien Sie offen für Veränderungen. Und zeigen Sie Mut. Auch in Rezessionen ergeben sich Chancen.

Kapitel 26: Einzigartige Kombination für Erfolg

Vithoulkas, Angela VIVo Group; gegründet 2003; beschäftigt 28 Mitarbeiter; Jahresumsatz von etwa 2 Millionen US-Dollar

Angela Vithoulkas wurde in die Café-Branche hineingeboren und die Fruchtblase ihrer Mutter platzte, als sie im familieneigenen Vorstadt-Milchbar-Café Kaffee zubereitete. Mit drei Jahren erwischte sie die ersten Ladendiebe, rannte hinter Jungs her, die Pralinen gestohlen hatten, und gab ihnen einen Besenschlag.

1983, im Alter von siebzehn Jahren, eröffnete Vithoulkas mit ihrem älteren Bruder Con ein Café in der William Street in Sydney. Zwei Jahre später verkauften sie es mit 100 % Gewinn – 90 % der Cafés scheitern innerhalb von fünf Jahren. Vithoulkas und ihr Bruder betreiben derzeit drei Vivo Cafés im Stadtzentrum an der George Street mit einem Jahresumsatz von 3 Millionen US-Dollar. Die Leute neigen dazu, Cafés als bescheidene Geschäfte zu betrachten, aber Vithoulkas behauptet, dass sie alles andere als das sind. Wir setzen einen neuen Maßstab für kleine Unternehmen. Obwohl sie nicht verstehen kann, warum wir immer wieder Risiken eingehen und neue Unternehmen gründen, ist meine Mutter wirklich stolz auf uns. Dennoch macht uns das, was wir tun, Spaß. Es geht nur um das Abenteuer, nicht um das Geld.

Die Mutter von Vithoulkas hofft inständig, dass ihre erfolgreiche Tochter einen dieser eleganten Stadtanzüge heiratet, die in den Cafés herumhängen. Dennoch muss sich jeder, der mit ihr ausgehen möchte, mit ihrer unglaublichen Arbeitsmoral abfinden – sie steht um vier Uhr morgens auf. An den meisten Wochentagen sollten Sie sich auf den frühen Andrang vorbereiten und bis 20 Uhr oder danach mit Strom versorgt bleiben. Vithoulkas gewann 2007 den Telstra NSW Business Women's Award. Sie und Con hatten bereits 2005 und 2006 den Preis

„Herausragendes Café des Jahres" sowie 2006 bei den City of Sydney Business Awards als „Unternehmen des Jahres" gewonnen.

Seit ihren ersten Monaten in Angelique's Café befindet sich Vithoulkas im ständigen Lernmodus. Angela und Con mussten dafür sorgen, dass das Geschäft funktionierte, auch wenn ihre Eltern die Hälfte der Finanzierung beigesteuert hatten. Doch innerhalb von drei Monaten ereignete sich eine Tragödie, als Con bei einem Unfall beinahe ermordet wurde, bei dem auch andere Familienmitglieder ums Leben kamen. Während Con mehrere Monate im Krankenhaus lag, blieb Vithoulkas allein im Unternehmen. Laut Vithoulkas „verlangten meine Mitarbeiter, dass ich ihnen das Doppelte bezahle, sonst würden sie nach seinem Unfall gehen."

Für einen Jugendlichen, der nie mit jemand anderem als der Familie gearbeitet hatte, war es eine qualvolle Erfahrung. Jemanden einzustellen ist eine schreckliche Sache. Sie haben keinen Ersatz, weil Sie das nicht regelmäßig planen. Aber ich kam zu dem Schluss, dass die Schließung des Unternehmens einer solchen Erpressung vorzuziehen wäre.

Vithoulkas hielt allein durch, bis Con sich ausreichend erholt hatte, um mit ihr zusammenzuarbeiten. Seitdem arbeiten sie zusammen und delegieren Aufgaben entsprechend ihren individuellen Fähigkeiten. Sie ist geschickt im Umgang mit Menschen und kümmert sich daher um Mitarbeiter, Kunden und Lieferanten. Er ist ein Naturtalent darin, wirtschaftlich zu sein und Prozesse und Kosten zu vereinfachen. Seit mehr als 20 Jahren kaufen sie gescheiterte Cafés auf und verwandeln sie in beliebte Orte, die profitables Firmen-Catering anbieten. Allerdings ist es ein langsamer Geldverdiener, weil sie erst dann wirklich Geld verdienen, wenn sie das Unternehmen verkaufen.

In ihrem dritten Projekt verwandelten Angela und Con ein fast bankrottes Café in einen der ersten Außenbereiche Sydneys mit europäischem Flair. Um den Geschmack des Kaffees zu verbessern, wurden 200 weitere Sitzplätze hinzugefügt und Pappbecher anstelle von Styroporbechern verwendet. Ihre erste Million Dollar stammten aus dem Verkauf dieses Unternehmens, der fünf Jahre später erfolgte. Die Übernahme von Unternehmen mit einer Erfolgsbilanz des Scheiterns birgt ein hohes Risiko und ist eine herausfordernde Reise voller Herausforderungen. Außer der Wahrscheinlichkeit, dass es nicht klappt, gibt es laut Vithoulkas überhaupt keine Garantien.

„Warum machen wir das?" Wir reden nicht viel darüber, außer zu sagen, dass es das ist, was wir tun.

Nehmen Sie etwas, das wie eine Katastrophe erscheint, zerlegen Sie es, ordnen Sie es neu, machen Sie es zu einer Herausforderung und meistern Sie es dann.

Durch den Börsencrash 2001 verloren sie den Großteil ihres Vermögens. „Es war wirklich hart, so viel Geld zu verlieren", gibt Vithoulkas zu. Sie haben endlich das wiedererlangt, was sie verloren hatten, als sie 2003 den restlichen Teil im ersten Vivo-Café unterbrachten. „Eine gute Website zu finden ist nie einfach", fügt Vithoulkas hinzu. Trotz seines Status war dieses Unternehmen zahlungsunfähig. Seit der Fälligkeit der Miete waren zwei Jahre vergangen. Warum hatten sie Erfolg, wo andere gescheitert waren, bevor wir es kauften? Das gesamte Geld floss in die Bezahlung der Lieferanten und der Mietrückstände. „Wir haben die Café-Branche verstanden. Es ist schwierig, ein kleines Unternehmen zu führen. das ist es immer. Eine Tür ohne Kunden öffnen, sie ständig finanzieren und Ihre Fähigkeit in Frage stellen, Zahlungen an irgendjemanden, auch an sich selbst, zu leisten.

Das Verständnis ihrer Klientel, insbesondere der Bevölkerungsgruppe der städtischen Büroangestellten, hat sich als entscheidend für ihren Wohlstand und in jüngster Zeit auch für ihren Fortbestand erwiesen. Zahlreiche Tausende ihrer Kunden

Warum führen wir es durch? Wir wurden angewiesen, uns nicht zu sehr auf den finanziellen Aspekt zu konzentrieren, sondern lediglich darauf hinzuweisen, dass sich die Krise auf alles ausgewirkt hat, was wir tun, angefangen bei der Gemeinde. Allerdings, Vithoul – was wie eine Katastrophe aussieht,

Zerlegen Sie es, ordnen Sie es neu an. Als Kas die Zeichen an der Wand bemerkte, ergriff er Maßnahmen und überwand die Schwierigkeit. schnell. Es war leicht zu erkennen, was sich näherte. Wir befinden uns im Geschäftszentrum der Innenstadt, wo der Verlust von 700 Menschen in einem einzigen Gebäude Ihr Geschäft schnell kosten kann, da es sich dabei um Ihre Kundschaft handelt. Wohin gehen Sie, wenn Sie zwanzig Prozent Ihres Umsatzes verlieren?

Vithoulkas begann Pläne zu schmieden, nachdem ihm klar wurde, dass er nicht nur versuchte, möglichst viele seiner derzeitigen Kunden zu halten, sondern auch neue zu gewinnen, da offensichtlich viele von ihnen verschwinden würden. Eine neue Einstellung des Personals, neue Menüs, neue Preise und Ladenmodernisierungen trugen alle zur Transformation des Unternehmens bei. Arbeitnehmer aus allen Gesellschaftsschichten sind von der Krise betroffen; Daher müssen wir ein besseres Preis-Leistungs-Verhältnis bieten und einen stärkeren Schwerpunkt auf den Service legen. Die Loyalität kluger Verbraucher ist keine Selbstverständlichkeit. Ich habe jeden Aspekt des Unternehmens bewertet, um zu sehen, was wir gut machen, und dann habe ich mir eine bessere, kostengünstigere Methode ausgedacht, dies zu tun. Das Unternehmen befindet sich derzeit in der besten Verfassung, in der es jemals war. Wir werden für die Erholung, wenn sie eintritt, gut aufgestellt sein.

Der aktuelle Umsatz des Unternehmens ist fast 30 % höher als vor der Krise, was eine außergewöhnliche Leistung darstellt.

Die Arbeitswelt habe sich in den letzten Jahren erheblich beschleunigt, so Vithoulkas, der erklärt: „Die Zeiten des langen Mittagessens sind vorbei." „Die Leute treffen sich jetzt zum Kaffeetrinken – sowohl um Geld als auch Zeit zu sparen."

OzHarvest erhält alle übrig gebliebenen Lebensmittel von Vivo Cafés, um die Bedürftigen zu ernähren. Darüber hinaus ist Vithoulkas

142

ein Unterstützer der Nelune Foundation, die Krebspatienten beim Kauf spezieller Lebensmittel unterstützt, um ihre Ernährung während der Chemotherapie aufrechtzuerhalten. Vithoulkas wurde von einem Kunden in die Situation eingeführt. „Hier lernt man wirklich Leute kennen", behauptet sie.

Sie und Con beabsichtigen, Vivo künftig als Franchise-Unternehmen zu betreiben, möchten jedoch eine engere Beziehung pflegen als große weltweite Unternehmen wie Starbucks. „Wir haben eine globale Eroberung vor", erklärt Vithoulkas. „Kaffee einzeln."

Kerrie Davies

Goldene Vorschriften

1. Auf die Einstellung kommt es an. Seien Sie mutig und optimistisch.
2. Es ist in Ordnung, Ihre Fehler einzugestehen und die notwendigen Korrekturen vorzunehmen.
3. Seien Sie unabhängig von der Wirtschaftslage bereit, in Innovationen zu investieren.
4. Sie können bei allem Kompromisse eingehen, aber nicht bei Ihrer Vision.
5. Plan B ist in keiner Weise fehlerhaft.

Milton Keynes UK
Ingram Content Group UK Ltd.
UKHW020736010424
440421UK00014B/830